Pavlina Potschinkova
Bienenprodukte in der Medizin

Dr. Pavlina Potschinkova

Bienenprodukte in der Medizin

Ehrenwirth

Die Deutsche Bibliothek – CIP-Einheitsaufnahme

Počinkova, Pavlina:
Bienenprodukte in der Medizin / Pavlina Potschinkova. –
München : Ehrenwirth, 1992
ISBN 3-431-03247-8

Die Originalausgabe erschien 1986 unter dem Titel
»Bees Products in Medicine« im Publishing House of the Bulgarian
Academy of Sciences, Sofia.
Aus dem Bulgarischen übersetzt von Otmar Mateewitsch

ISBN 3-431-03247-8

Schwanthalerstraße 91, 8000 München 2
Satz: Fotosatz-Service Weihrauch, Würzburg
Umschlag: Atelier Kontraste, München
Druck: Landesverlag, Linz
Printed in Austria 1992

Inhalt

Teil III.
Prophylaxe mit Bienenprodukten 95

Teil IV.
Anwendung von Bienenprodukten bei verschiedenen Gruppen von Erkrankungen 115

Vorwort

Die Honigbienen schenken dem Menschen folgende Produkte, die er als Nahrung und Arznei verwendet: Bienengift, Propolis, Wachs, Bienenhonig, Weiselfuttersaft und Pollen. Die ersten drei Produkte werden ausschließlich für therapeutische Zwecke angewandt, während die übrigen als Nähr- und Heilmittel Anwendung finden. Die wissenschaftliche Disziplin der Medizin, die sich mit der Anwendung der Bienenprodukte in der Medizin befaßt, nennt man Apitherapie. Dieser Ausdruck ist zusammengesetzt aus den Wörtern »Apis« (-Biene) und »Therapie« (-Behandlung). Apitherapie (Naturheilung mit den Produkten der Bienen).

Obwohl die Bienenprodukte seit ältesten Zeiten in der Prophylaxe und bei der Behandlung verschiedener Erkrankungen Anwendung finden, bildet die Apitherapie einen der neuesten Zweige der gegenwärtigen Medizin.

In letzter Zeit hat das Interesse gegenüber der Behandlung mit Bienenprodukten stark zugenommen. Eine große Anzahl wissenschaftlicher Institute, Lehrstühle und Heilanstalten haben sich die Aufgabe gestellt, die seit Jahrtausenden von der Volksmedizin angewandten Bienenprodukte auf feste wissenschaftliche Grundlagen zu stellen: das Institut für Pharmakologie in Gießen, das Institut für Physiologie in London, das Medizinische Institut in New York, das Institut für bioorganische Chemie in Moskau, der Lehrstuhl in Gorki, das Institut für Veterinärmedizin in Kazan, der Lehrstuhl für Radiologie und Chemie in Belgrad, das Institut für experimentelle Medizin in Zagreb, der Lehrstuhl für Pharmakologie in Bratislawa, der Lehrstuhl für Mikrobiologie in Zabrse (Polen), das Institut für Chemie der natürlichen Produkte in Bure sur Ivette (Frankreich), das Institut für »Volksgesundheit« in Sofia u.a.

In Zusammenhang mit dem Problem der gegenwärtigen Anwendung der Bienenprodukte fanden in den letzten zwei Jahrzehnten viele internationale Symposien über Apitherapie statt (Madrid – 1974, Bukarest – 1976, Rorto Roch – 1978 und Chrakov – 1985), zwei spezialisierte internationale Symposien über Propolis in Bratislava (1974 und 1976) u.a. Auf jedem turnusmäßigen Kongreß der Internationalen Organisation für Bienenzucht »APIMONDIA«, berichten Kollektive sowie einzelne Wissenschaftler, Ärzte und Praktiker aus der ganzen Welt über eigene klinische und experimentelle Beobachtungen aus dem Gebiet der Apitherapie.

Gegründet wurde auch das erste Internationale Institut für Apitherapie in Bukarest, das in kurzer Zeit eine rege wissenschaftliche und praktische Tätigkeit entwickelte.
Während das Bienengift ein Verteidigungsmittel der Bienen gegen ihre »Makrofeinde« (Säugetiere und Insekten) ist, stellt die Propolis ein Schutzmittel gegen ihre mikroskopisch kleinen Feinde (Bakterien, Viren und Pilze) dar. Die erwähnten zwei Produkte werden in der Apitherapie nur als Medikamente angewandt. Bei Honig, Pollen und Futtersaft sind die Heileigenschaften auf den reichen Gehalt biologisch aktiver Stoffe zurückzuführen, die für die Genesungsprozesse wichtig sind. Außer den Nähr- und Geschmackseigenschaften besitzen sie Vitamine, Enzyme, Aminosäuren, Hormone, Antibiotika u.a., die eine Rolle bei der Anwendung von Medikamenten natürlichen Ursprungs spielen. Wenn auch in geringen Mengen vorhanden, spielen sie eine große Rolle für den Organismus, weil sie leicht aufgenommen werden und sich bei längerer Anwendung durch eine gute Wirkung auszeichnen.
Als Heilmittel wirken die Bienenprodukte günstig auf die normale Tätigkeit der Zellen und Gewebe, sowie auf die der Organe der Menschen, die sich im Laufe von Jahrtausenden angepaßt haben. Ein jedes der Bienenprodukte stellt einen biologisch aktiven Komplex aus Stoffen verschiedener Struktur und verschiedener Eigenschaften dar. Träger der Heil- und prophylaktischen Wirkung bei einem jeden einzelnen Produkt sind einerseits die einzelnen Bestandteile, häufig reich an Zahl, und andererseits dieselben, jedoch als Komplex. Aus diesem Grunde haben die Bienenprodukte auch einen so weiten Wirkungsbereich und so verschiedene Wirkstoffe.
Das Buch bringt Angaben über die von Spezialisten verschiedener Länder erworbene Erfahrung auf dem Gebiet der Apitherapie sowie die Ergebnisse 15jähriger Erfahrungen der Verfasserin. Die Abhandlung ist vornehmlich praktisch auf die häusliche Anwendung der Bienenprodukte ausgerichtet. Sie erweist sich als nützlich für all jene, die an Bienenprodukten als Heilmittel und Nahrung Interesse haben.
Wir hoffen, daß die vorliegende Arbeit zur weiteren Entwicklung des Interesses für die nützlichen Eigenschaften der Bienenprodukte und zur Erhöhung ihrer Produktion beitragen wird.

Kurzer geschichtlicher Überblick

Seitdem die Menschen existieren, haben sie sich wohl mit Bienen beschäftigt, denn die Bienen sind schon mindestens 40 Millionen Jahre länger auf dieser Welt als wir Menschen. Bekanntlich wird an der Ostseeküste Bernstein gefunden und dieser ist 40 bis 50 Millionen Jahre alt und darin findet man gelegentlich Einschlüsse von Bienen, die kaum von der heutigen Honigbiene, der Apis mellifica zu unterscheiden sind. In der Höhle Pauka bei Valencia (Spanien) wurde im Jahre 1921 eine Felsenzeichnung (12 000 v. Chr.) entdeckt, die das Sammeln von in Felsspalten nistenden Bienen darstellt (auch heute noch ist in dieser Gegend von Spanien das Nisten von Bienen in Felsspalten bekannt) *(s. Abb. 1)*.
Bei den ältesten Völkern der Geschichte, den Babyloniern, Ägyptern, Persern, Griechen und Römern stand die Bienenzucht in hoher Blüte, und es ist nicht verwunderlich, daß damals schon die Biene und ihre Produkte auch medizinisch verwendet wurden, wenn auch in primitiver Form, z.B. als Bienentee, als ölige Verreibung von Bienen-

Abb. 1: Berühmte Felsenzeichnung in der Höhle Pauka – Spanien.

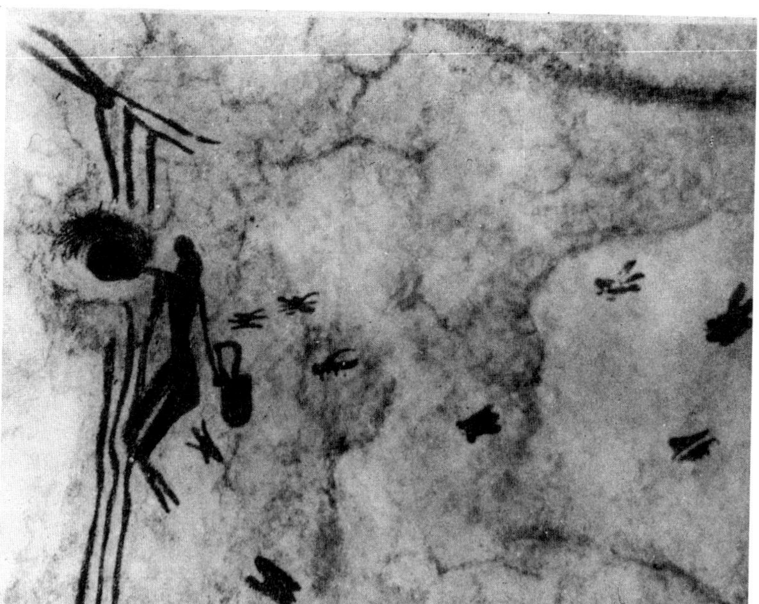

Abb. 2: Altägyptischer Text mit Hieroglyphenbrief, dechiffriert von G. Ebers und bedeutet: 1. – Mittel; 2. – für; 3. – Reduzierung der Magenschmerzen; 4. – Honig; 6–7. Es soll aufgegessen werden.

asche usw. In keltischen und germanischen Ländern wurden Augensalben aus Bienenasche und Honig hergestellt und Bienenkuren wurden bei Magenverstimmungen, Zahnschmerzen, Haarausfall, bei Fluor, Sterilität, Menstruationsstörungen usw. durchgeführt.

Es ist bekannt, daß die Indianer 6000 Jahre vor unserer Zeitrechnung Bienenzucht betrieben haben. Sie verwendeten den Honig als Nahrung und als Heilmittel und die Propolis zur Behandlung von Wunden.

In den ältesten bekannten schriftlichen Denkmälern – den mesopotamischen Tontafeln – finden wir Angaben über die Heilwirkung des Honigs.

Aus den erhaltenen Denkmälern, wie Zeichnungen und Hieroglyphen an den Wänden der altägyptischen Pyramiden und Obelisken ist ersichtlich, daß bereits in ältesten Zeiten in Ägypten Bienen ihrer nützlichen Eigenschaften wegen gezüchtet wurden. Mehr noch – die Biene wurde als ein heiliges Tier angesehen. In einem Papyruskalender der Ägypter, der ungefähr die Zeit um 1550 v. u. Z. betrifft, sind viele der Heileigenschaften des Honigs und des Bienenwachses beschrieben. Die Ägypter wandten Auszüge von Bienen als diuretisches Mittel, auch bei Magen- und Gallenkrankheiten sowie bei Wunden an *(s. Abb. 2)*.

Im alten China, Indien und im alten Griechenland wurde der Honig als Gegengift bei Vergiftungen mit pflanzlichen und tierischen Giften angewandt.
Die ältesten Völker wußten, daß die Pflanzen die Bedingungen zur Existenz der Menschen und der Tiere schaffen. Die Bestäubung der Pflanzen zwecks Erhöhung ihrer Produktivität beschäftigte schon damals die Gedanken des Menschen. Dafür zeugt die Gestalt des assyrischen Gottes der Befruchtung und Fruchtbarkeit. In der linken Hand trägt er ein Körbchen mit Blütenstaub und mit der rechten macht er die Bestäubung der Palmenblüten *(s. Abb. 3)*.
Hippokrates (460–377 v. u. Z.) einer der größten Vertreter der altgriechischen Medizin, beschreibt in seinen Arbeiten die desinfizierenden, Expektorations- und kräftigenden Eigenschaften des Honigs. Er ist der Ansicht, daß der Honig bei Magen- und Darmkrankheiten und bei Leberkrankheiten wirksam ist, und daß er das Leben verlängert.
Wissenschaftliche Angaben über die Bienen und ihre Produkte verdankt die Menschheit auch dem »Vater der Zoologie« – Aristoteles (385–322 v. u. Z.). Er beschreibt das Leben der Bienen und erkennt die Heileigenschaften des Honigs und der Propolis. Er selbst benutzt die Propolis bei der Behandlung von Wunden und Prellungen.

Abb. 3: Basrelief (VII. Jh. v. u. Z.) mit Gestaltung des assyrischen Gottes der Befruchtung und Fruchtbarkeit.

Abb. 4: Diana – aus Efez – Göttin der Fruchtbarkeit, gestaltet mit Kleidung, an der viele Bienen sind (II. Jh. n. d. Z.).

Galenos (230–130 v. u. Z.) und der römische Geschichtsschreiber Plinius haben sehr genau die Anwendung des Bienengiftes als schmerzstillendes und die Wunden heilendes Mittel beschrieben. Galenos ist der Ansicht, daß Langlebigkeit durch regelmäßigen Genuß von Honig bedingt ist.

In den alten griechischen Liedern wird der göttliche Ursprung und die wundertätige Wirkung des Honigs besungen *(s. Abb. 4)*. Die alten Helenen nannten den Honig »Elixier der Jugend«, »Götternahrung«, »Unsterblichkeit und ewige Jugend schenkend«.

In Ägypten, Persien, Rom und Griechenland wurde das Wachs und höchstwahrscheinlich auch die Propolis zur Balsamierung der Leichen angewandt. In den Pyramiden bei El Giza wurde eine erhaltene Kinderleiche gefunden, die in Honig konserviert war.

Die Leiche Alexanders des Großen wurde in einem Sarg mit Honig von Asien nach Mazedonien transportiert.

Im Altertum wurden zu Heilzwecken auch die Körper von getöteten Bienen in Honig zerrieben oder ihre Asche nach ihrer Verbrennung angewandt. In Honiglösung gekochte Bienen wurden bei inneren oder Magen- und Darmkrankheiten verwendet. Eine äußerliche Anwendung gab es bei Augenleiden, bei Zahnerkrankungen, bei Erkrankungen der Schleimhaut des Mundes, bei eitrigen Wunden u.a.
Die Anwendung des Bienengiftes zu Heilzwecken wurde im Laufe der Jahrtausende nur auf empirischen Erfahrungen begründet. Es wurde beobachtet, daß die Imker, die häufig Bienenstichen ausgesetzt waren und regelmäßig Honig aßen, gewöhnlich seltener von Krankheiten und von rheumatischen Leiden befallen wurden.
Zu Anfang des 19. Jahrhunderts erweitert sich in Europa die Bienenzucht. Seit der Zeit begann auch eine zunehmende Anwendung der Bienenprodukte als Nahrung und Heilmittel. In der zweiten Hälfte des 19. Jahrhunderts werden Bienenstiche als Heilmaßnahmen von der Volksmedizin auch von den Ärzten übernommen.
Von allen Bienenprodukten hat das Bienengift als Heilmittel die längste gegenwärtige Geschichte. Im Jahre 1864 beschrieb Lukomski die Behandlung mit Bienen bei Gelenkerkrankungen, Neuralgien u.a. Im Jahre 1888 veröffentlichte der österreichische Arzt Philip Tertsch – »der Vater der Apitherapie« – die Ergebnisse seiner langjährigen Beobachtungen der Behandlung mit Bienenstichen bei rheumatischen Erscheinungen. Dieser Bericht gab den Anstoß zu weiteren Forschungen, an denen sich I.W. Lübarski (1897), Anley Wolker (1907), Langer (1915) beteiligten. Der letztere veröffentlichte eine Arbeit über die Chemie, Pharmakologie und die Anwendung zu Heilzwecken des Bienengiftes, das bei der Behandlung von Kindern und Erwachsenen bei rheumatischen Erkrankungen angewandt wurde.
Im Jahre 1927 wurden die ersten Präparate aus Bienengift hergestellt. Während der letzten 50 Jahre widmeten viele Forscher, Kliniker und praktizierende Ärzte ihre Kräfte der Erforschung der gegenwärtigen Ebene der chemischen Zusammensetzung, der biologischen Wirkung und den klinischen Beobachtungen bei der Anwendung des Bienengiftes und anderer Bienenprodukte.

Die Bienen und das Bienenvolk

Die Haus- oder Honigbiene (Apis mellifica) lebt in hochorganisierten Völkern, die mehrere Tausend Individuen zählen. Im Laufe der phylogenetischen Entwicklung setzte sich eine Differenzierung innerhalb der Mitglieder eines Bienenvolkes durch, wobei sich verschiedene Individuen ihrer Struktur und Funktion nach herausbildeten. Die morphologische und funktionelle Absonderung führte jedoch nicht zu einer Trennung, sondern knüpfte eine engere Verbindung zwischen ihnen. Auf diese Weise verwandelt sich das Bienenvolk in eine ausgebildete biologische Einheit.
Jedes Bienenvolk bewohnt einen Bienenstock, das sich aus der Bienenmutter, einigen hundert Drohnen und zehntausenden Arbeits-

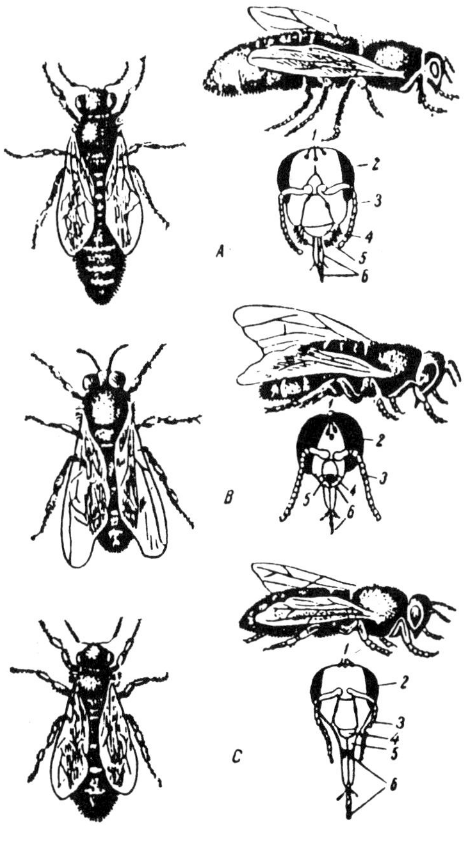

Abb. 5: Bienenarten: A – Mutter, B – Drohne, C – Arbeiterin, 1. – einfache Augen; 2. – komplizierte Augen; 3. – Antennen; 4. Oberlippen; 5. Oberkiefer; 6. – Rüsselchen (nach N. Joirisch).

bienen zusammensetzt. Eine biologisch begründete Notwendigkeit für jede Biene ist die Ausführung einer bestimmten Arbeit, die dem ganzen Bienenvolk zugute kommt *(s. Abb. 5)*.
Die Bienenkönigin ist zweimal größer als die Arbeitsbiene. Ihre biologische Rolle besteht in der Reproduktion der Generationen. Sie legt täglich 1000–2000 befruchtete und unbefruchtete Eier. Sie lebt 4–8 Jahre. Mit zunehmendem Alter nimmt allmählich ihre Fruchtbarkeit ab.
Die biologische Rolle der Drohnen besteht in der Befruchtung der Königin. Sie sind nicht in der Lage, sich selbst um ihre Nahrung zu kümmern. Ihnen wird von den Arbeiterinnen Pollen und Honig gereicht. Ihr Leben dauert ca. 3 Monate.
Die Arbeitsbienen haben in Abhängigkeit von ihrem Alter verschiedene Aufgaben zu erfüllen: Bis zum dritten Tag halten sie die Sauberkeit im Bienenstock, nach dem vierten Tag ernähren sie die Larven und beginnen mit ihren Orientierungsflügen um den Bienenstock. Vom siebten Tag an beginnen ihre Oberkieferdrüsen zu funktionieren, die den Futtersaft absondern. Ab dem 12.–18. Tag beginnen die Wachsdrüsen zu funktionieren und die Bienen beginnen mit dem Wabenbau. Zu dieser Zeit haben sie auch Schutzaufgaben im Bienenstock, empfangen den Nektar und den Pollen von den »Sammlerinnen«, verarbeiten dieselben, unterhalten die nötige Temperatur und lüften die Zone um die Larvenzellen, d.h. tragen Sorge für das normale Leben im Bienenstock. Erst nach dem 17.–18. Tag beginnt die Tracht der verschiedenen Bienenprodukte. Während der aktiven Saison leben die Arbeitsbienen 45 Tage, während das Leben der überwinternden 6–8 Monate dauert.
Die Koordination der Arbeit der einzelnen Mitglieder des Bienenvolkes wird durch die Pheromone reguliert. Das Wort Pheromon ist zusammengesetzt aus den griechischen Wörtern »phero« – soviel wie transportieren und »hormon« – Erregung. Hierbei handelt es sich um aktive chemische Stoffe, Sekrete aus Drüsen im Organismus der Insekten, die an das umgebende Milieu abgegeben werden, wodurch der physiologische Zustand und das Verhalten von Individuen derselben Art beeinflußt wird. Die Pheromone der Königin oder der sogenannte Mutterstoff hat einerseits die Drohnen beim Hochzeitsflug anzuziehen und andererseits übt sie einen regulierenden Einfluß auf die Tätigkeit der Arbeiterinnen aus. Das Pheromon der Königin wird von den Oberkieferdrüsen der Bienenmutter abgesondert *(s. Abb. 6)*.
Dieser Stoff bewirkt die Unfruchtbarkeit der Arbeiterinnen (übt eine sterilisierende Wirkung aus), indem er das Eierlegen unbefruchteter

Abb. 6: Schema der Drüsenlage im Kopf und Brustteil der Bienen-Arbeiterin. 1. – Schluckdrüse; 2. – Hypopharyngialdrüse; 3. – Oberkieferdrüse; 4. – Schluck (Pharynx); 5. – Speiseröhre; 6. – Rüsselchen.

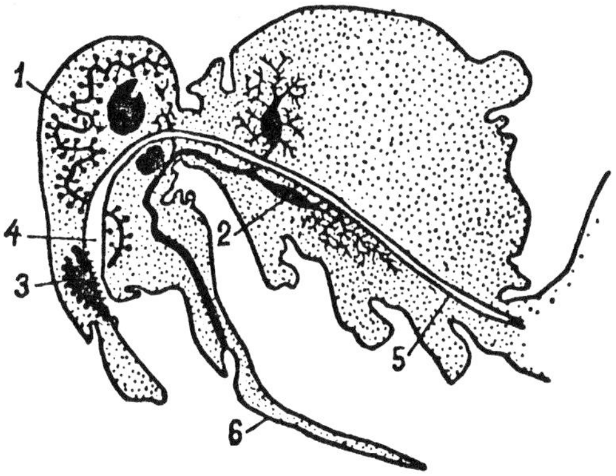

Eier seitens der Arbeiterinnen unterdrückt. Sie würden höchstens zur Vermehrung der Drohnenzahl führen. Außerdem beugt dieses Pheromon der Züchtung einer neuen Königin im Bienenstock vor und regelt das Ausschwärmen. Der Wissenschaft ist die Formel des Pheromons der Königin bekannt. Es wurde auch auf chemischem Wege synthetisiert.

Die regulierende Wirkung der Pheromone führt zur Vereinigung der weiblichen Individuen im Volk zu einem einheitlichen biologischen System und trägt zur Trennung der Funktionen der Bienenmutter und der Arbeiterinnen bei. Die Funktion der Reproduktion der Generationen obliegt der Bienenmutter, die als vollwertiges weibliches Individuum ausgebildet ist, während die Ernährung Aufgabe der Arbeitsbienen ist, die geschlechtlich unentwickelte Weibchen darstellen, die jedoch ein Drüsensystem besitzen, die Futtersaft erzeugen und komplizierte Instinkte besitzen in Zusammenhang mit der Beschaffung der Nahrung von der Umwelt, mit dem Bau von »Nestern« für die folgende Generation, mit der Aufbewahrung der Nahrung usw. Es existieren ferner auch andere Pheromonsysteme, die das Zusammenleben sichern. Nur als Volk sind die Bienen stark und konnten daher Millionen von Jahren überleben. Solche Pheromone, wie »Alarm«, »Angriff«, »Spuren«, »Information«, »Aggregation« u.a. werden von den Arbeitsbienen und den Drohnen erzeugt. Es besteht Anlaß zur Annahme, daß Pheromone auch aus den verschlossenen Zellen ausgestrahlt werden, die die Arbeitsbienen zum Sammeln und Lagern von Pollen, Propolis u.a. stimulieren. Auf diese Weise tragen die Pheromonsysteme zum Leben und Verhalten der Bienen bei, sichern

das Leben der Bienenvölker, nicht als einzelne Individuen, sondern als einheitliche biologische Systeme.
Die Zahl der Mitglieder eines Bienenvolkes nimmt durch Eierlegen zu und die Anzahl der Bienenvölker durch Ausschwärmen.
Die Bienenmutter legt zwei Arten Eier – befruchtete, aus denen sich die Arbeitsbienen entwickeln und nicht befruchtete – aus denen die Drohnen entschlüpfen. Der Prozeß des Eierlegens von der einen oder anderen Art wird durch Pheromone der Arbeitsbienen gesteuert. Die Befruchtung erfolgt durch Spermatozoen aus der in der Samenblase zurückgehaltenen Samenflüssigkeit während des Hochzeitsfluges. Eine gut entwickelte Bienenmutter legt in einer Saison ungefähr 200 000 Eier. Alle 20–30 Minuten unterbricht sie das Eierlegen für kurze Zeit, in welcher Zeit sie intensiv Weiselfuttersaft von den brütenden Bienen erhält.
Der Entwicklungsprozeß vom Ei bis zur Arbeitsbiene dauert 21 Tage. In den ersten drei Tagen entwickelt sich im Ei ein Embryo. Das ist die Periode der Embryonalentwicklung. Innerhalb von sechs Tagen entwickelt sich das Embryo zur Larve, und während der folgenden 12 Tage – dem Stadium »der verschlossenen Zelle« – verwandelt sich die Larve über das Puppenstadium zur Biene *(s. Abb. 7)*.
Im Stadium der Larve erhält die Arbeitsbiene 2 mg Futtersaft und geht allmählich zu Honig- und Pollensaftnahrung über. In diesem Zeitraum erhöht sie ihr Gewicht auf 144 mg.
Die Entwicklung der Drohnen dauert 24 Tage – 3 Tage Ei, 7 Tage Larve und 14 Tage Puppe. Die Drohnen erhalten 10 mg Futtersaft und steigern ihr Gewicht auf 340 mg.
Die Bienenmutter macht folgende Entwicklung durch: insgesamt 15–17 Tage, davon 3 Tage als Ei, 5–6 Tage als Larve und 7 Tage als Puppe. Im Larvenstadium erhält sie 350 mg speziell für sie bereicherten Weiselfuttersaft. Inzwischen erreicht ihr Gewicht 359 mg.
Die Bienenmutter und die Arbeitsbienen sind in genetischer Hinsicht vollkommen gleichwertig – sie entwickeln sich aus befruchteten

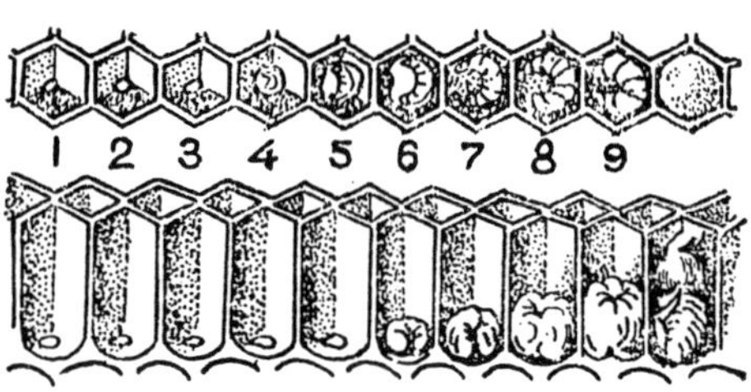

Abb. 7: Entwicklungsstadium der Biene – Arbeiterin. 1–3 Tag – Ei; 4–9 Tag – Larve; weiter – Puppe in geschlossener Zelle.

Abb. 8: Bienenkörper.
a. komplizierte Augen;
b. einfache Augen;
c. Fühler; d. Oberkiefer;
e. Rüsselchen; I, II,
III – Vor-, Mittel- und
Hinterbeine mit Staub-
körbchen; 1–6 Bauch-
glieder.

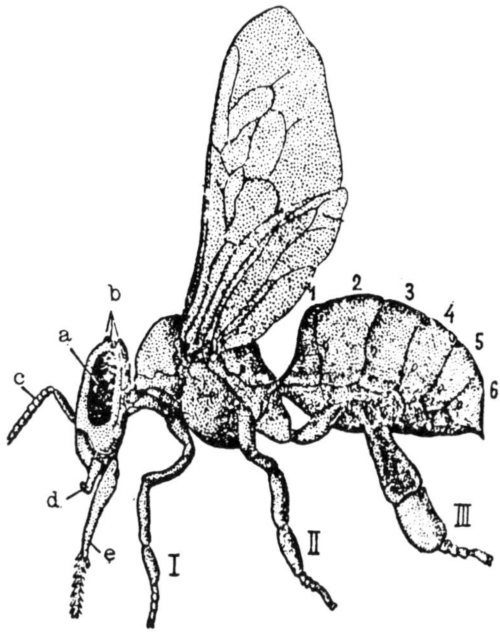

Eiern. Ihre weitere Entwicklung ist von den Ernährungsbedingungen in der postembryonalen Entwicklung bedingt: die Arbeitsbiene ernährt sich danach mit Honig und Pollen, während die Bienenmutter wie im Keimzustand auch weiterhin Futtersaft erhält.

Für die Bienen sind das Sehvermögen und der Geruchsinn von außerordentlich großer Bedeutung *(s. Abb. 8)*. Die Geruchsorgane sind ein Paar Taster am Vorderteil des Kopfes. Diese Taster spielen gleichzeitig auch die Rolle von Fühlern. Aus diesem Grunde besitzen die Bienen einen voluminösen Geruchsinn, d.h. gleichzeitig mit der Geruchsempfindung bestimmen sie auch die Form des Gegenstandes. Diese Tatsache ist wichtig für die Bienen, die einen großen Teil ihres Lebens im Dunkeln des Bienenstockes verbringen. Hier können sie sich dank dieses vollkommenen Organs des »Geruchsfühlens« orientieren.

Die Taster sind auch mit mikroskopisch kleinen Geschmacksorganen ausgerüstet, die gleichzeitig Feuchtigkeit, Wärme und Kälte, Kohlendioxydgehalt der Luft u.a. bestimmen. Diese Faktoren sind außerordentlich wichtig für das Mikroklima im Bienenstock und für die Entwicklung der Larven. Dank dieser Sinne sind die Bienen imstan-

de, die erwähnten Kennzeichen innerhalb des Bienenstockes zu kontrollieren und zu regulieren, was so wichtig für ihr Leben ist.
Die Bienen sind mit hervorragenden Sehorganen ausgerüstet. Die zwei seitlich am Kopf gelagerten facettierten Augen besitzen ein sehr präzises Farbsehvermögen, das ihnen erlaubt, auch die für den Menschen unsichtbaren Ultraviolettstrahlen wahrzunehmen. Das Sehvermögen der Bienen ist nicht scharf, aber demgegenüber sind ihre Augen sehr gut eingerichtet, bewegliche Gegenstände wahrzunehmen. Ihr verhältnismäßig geringes Vermögen, die Details räumlich aufzugliedern, wird durch ihre außerordentliche Fähigkeit, die Ereignisse zeitlich zu analysieren, ausgeglichen.
Das bei den Bienen stark entwickelte Zeitgefühl ist wahrscheinlich durch den Einfluß des Erdmagnetfeldes bedingt.
Nach den heutigen Auffassungen sind die Bienen imstande, die Schwankungen des polarisierten Lichtes wahrzunehmen, das ihnen zur räumlichen Orientierung dient. Wenn letztere, die dem »blauen Himmel« eigen sind, fehlen, verlieren sie ihren vollkommenen Orientierungssinn. Deshalb verlassen sie bei nebligem und wolkigem Wetter ihren Bienenstock nicht.
Ein anderer »Kompaß« für die Bienen ist die Sonne. Nach ihr orientieren sie sich gleichzeitig räumlich und zeitlich.
In letzter Zeit wurde festgestellt, daß sich die Bienen auch sehr gut im Dunkeln ihres Bienenstockes orientieren. Man nimmt an, daß dies unter Einfluß des Erdmagnetfeldes geschieht.
Die Bienen verständigen sich untereinander, in dem sie sich mit Hilfe von speziellen streng bestimmten Bewegungen, die sogenannten »Tänze«, Informationen übermitteln *(s. Abb. 9)*. Es werden zwei Arten von Tänzen beobachtet: der »Rundtanz« und der »Tanz der Achter«. Mit dem ersten zeigen sie an, daß sich die Nahrung in der Nähe befindet. Beim zweiten Tanz, der kompliziert ist, geben sie gleichzeitig mit den Bewegungen Laute von sich. Die anderen Bienen, obwohl sie auch nicht hören, nehmen dieselben durch die Lautschwingungen wahr. Je größer die Entfernung ist, desto mehr verzögert sich das Tempo des Tanzes. Dieser Tanz gibt gleichzeitig auch die Richtung an, in der die Nahrung zu suchen ist. Die Richtung des Tanzes gibt der Kompaßzeiger, der die Richtung angibt, in der die Nahrungsquelle zu suchen ist.
Informationen darüber, was für ein Nahrungsgebiet sich in der angegebenen Entfernung befindet, übermitteln die Bienen durch mikroskopische Dosen Aroma von der entsprechenden Pflanze in ihren Fußkörbchen.

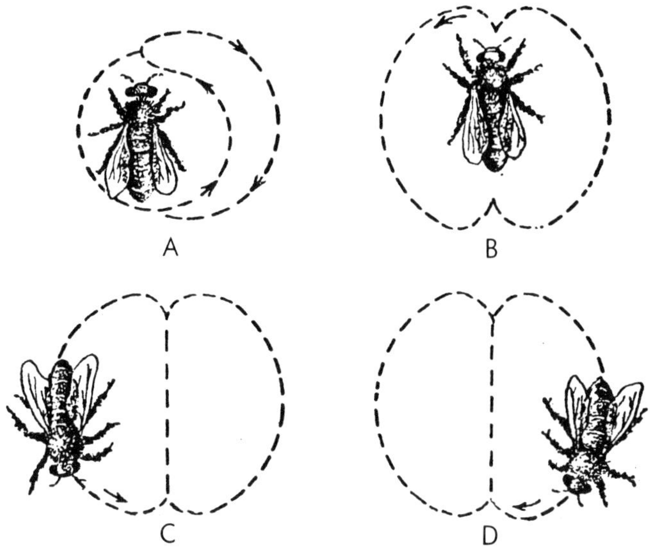

Abb. 9: »Bienentänze«. A – kreisförmig; B-C-D – kontinuierliche Bewegungen der Biene beim »Tanz der Achter«.

Im Bienenstock herrscht ideale Sauberkeit und eine entsprechende Temperatur. Solange noch keine Vermehrung stattfindet, schwankt die Temperatur zwischen 13–18 °C. Beim ersten Zuwachs allerdings unterhalten die Bienen eine gleichmäßige Temperatur von 34–35 °C. Die Unterhaltung dieser relativ hohen Temperatur auf konstantem Niveau bildet eine besonders wichtige biologische Eigenart. Dies wird durch Regelung des eigenen Stoffwechsels und durch Belüftung mit Hilfe der Flügel erreicht. Manchmal verläßt eine größere Anzahl von Bienen den Bienenstock und dadurch verringert sich die Wärmebildung, und die Temperatur im Bienenstock sinkt.
Das Leben der Bienen dauert auch im Winter, wenn auch bei verminderter Aktivität an. Die Bienen versammeln sich in der Mitte des Bienenstockes, indem sie die sogenannte »Winterkugel« bilden, wodurch sie die für das Überleben des Bienenvolkes im Winter erforderlichen Bedingungen schaffen. Die Oberflächenschicht dieser Kugel wird von schwachaktiven, unbeweglichen Bienen gebildet, die sich fast in einem Zustand von Anabiose befinden. Je kälter es ist, desto dicker ist diese Schicht und sie besteht aus um so mehr Bienen. Dicht aneinander gedrängt, bilden die Bienen die Außenschicht der sogenannten »lebenden Schale der Kugel«. Sie bilden eine maximale effek-

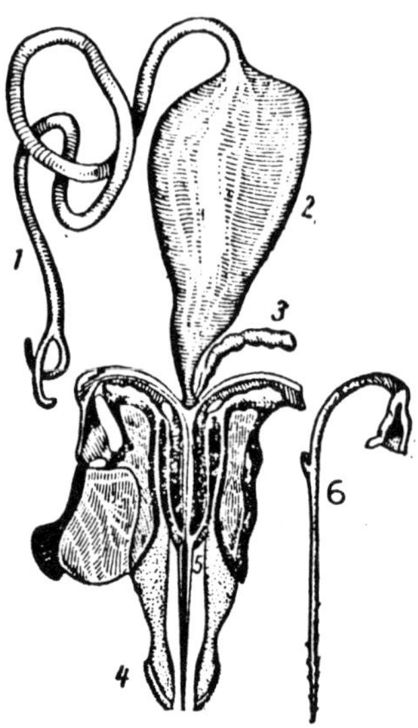

Abb. 10: Aufbau des Stachelapparats der Biene. – 1. – große Giftdrüse; 2. – Reservoir der großen Drüse; 3. – kleine Giftdrüse; 4. – Überzug für Stachel; 5. – Stachel (Stilet); 6. – Stachel mit Rückzähnen.

tive Wärmeisolation. Im Inneren der Kugel beträgt die Temperatur 28–32 °C, und sinkt allmählich zur Peripherie hin bis auf 8 °C. Damit diese verhältnismäßig hohe Temperatur im Inneren der Kugel unterhalten werden kann, müssen die sich im Inneren befindenden Bienen mit Honig von den benachbarten Waben genährt werden. Periodisch tauschen die sich in der Außenschicht befindenden Bienen ihre Stellung mit Bienen vom Inneren. Die Bienen können nur im Bereich der Kugel überwintern. Jede Biene, die der Kugel entrückt ist, geht unvermeidlich zugrunde. Auf diese Weise bildet die Kugel gewissermaßen ein einheitliches biologisches System, das das Leben der einzelnen Individuen sichert, aber nur als Ganzes.

Um die Stätte des Zuwachses unterhalten die Bienen eine Luftfeuchtigkeit von 65–88%. Dies wird durch das schnelle Verdunsten des Wassers aus dem Nektar bewirkt, den die Bienen um den Zuwachs lagern. Notfalls schaffen sie zusätzlich Wasser an, womit sie die verschlossene Zelle befeuchten.

Der Schutz des Bienenvolkes wird durch den Stachelapparat der Arbeitsbienen verwirklicht *(s. Abb. 10)*. Beim Stich reißt der Stachel zusammen mit dem letzten Glied vom Körper der Biene ab. Dies steigert bedeutend die Wirkung des Stiches, da die Muskeln der Giftblase sich weiter verkürzen und das gesamte Gift allmählich in die Wunde überfließt.

Die in den Bienenstock gelangten größeren Feinde werden durch Stiche getötet. Um den unangenehmen Folgen von der Verwesung der Leiche vorzubeugen, »balsamieren« oder »mumifizieren« die Bienen die Leiche, indem sie sie mit Propolis bekleben. Auf diese Weise bildet die Leiche keine Gefahr für das Bienenvolk im Bienenstock. Die Bienen bespeicheln mit Propolis (Bienenkitt) auch die Zellen, in die die Bienenmutter ihre Eier legen wird. Dies geschieht zwecks Desinfektion: Vernichtung der Bakterien, der Viren und der Pilze, die der Reproduktion der folgenden Generation schaden könnten.
R. Chauvin (1959) stellte fest, daß der Bienenkörper zum Unterschied zu allen übrigen Insekten eine vollkommen sterile Oberfläche besitzt. Die antibiotischen Stoffe, die sich auf der Oberfläche des Bienenkörpers befinden, vernichten zu 100% die Mikroorganismen und lassen keine resistenten Formen aufkommen. Nach Chauvin verfügt die Biene über 7 verschiedene Antibiotika – vom Körper, vom Honig, vom Wachs, vom Futtersaft, vom Pollen, vom Bienengift und von der Propolis. Das ist eine natürliche lebenswichtige Schutzerfordernis. Im engen Raum eines Bienenstockes leben bis 50 000 Bienen. Es ist klar, daß zum Erhalt dieser riesigen Menge von Individuen ein besonderes Schutzmittel gegen die so stark in der Natur verbreiteten Mikroorganismen vorhanden sein muß. Zum Erhalt der Art durch Millionen von Jahren hindurch haben die 7 Antibiotika beigetragen.

Teil I
Die Bienenprodukte als Heilmittel

A. Bienenprodukte nur zu Heilzwecken angewandt

Zu den Bienenprodukten, die nur zu Heilzwecken angewandt werden, gehören das Bienengift, Propolis und das Bienenwachs.

Bienengift

In der Homöopathie spielte die Verwendung von Bienen und Bienengift stets eine große Rolle. Beispiele dafür sind die Veröffentlichungen von C. Hering 1853 und C.W. Wolf 1858, sowie von Goullon und Kafka 1880. Auch bei den Homöopathen war die Biene das souveräne Mittel gegen Rheuma. Es gab jedoch außerdem kaum eine Krankheit, zu deren Heilung die Bienen, hauptsächlich innerlich, in Form von Tinkturen und Infusionen nicht gebraucht wurden. Der Kuriosität halber sei noch erwähnt, daß die Bienen auch zur Diagnose bei fraglichem Scheintod dienten, da die Bienen sich weigern sollen, Leichen zu stechen und wenn man sie dazu zwingt, die Hautreaktion ausbleibt. Unabhängig davon hat sich in Imkerkreisen seit vielen Generationen die Überzeugung durchgesetzt, daß Bienenstiche Rheuma verhüten helfen. Von dieser Kenntnis ausgehend hat Dr. Tertsch als erster Arzt umfangreiche systematische Versuche mit 39 000 Bienenstichen an 173 Rheumakranken erfolgreich durchgeführt und 1888 veröffentlicht. 10 Jahre später hat Dr. Langer seine ersten Versuche mit Bienengift publiziert und anschließend erstmalig verdünnte Bienengiftlösungen in seiner Klinik mit gutem Erfolg injiziert.
Seit Jahrtausenden wird das Bienengift als Heilmittel angewandt. Bis vor nicht allzu langer Zeit fehlte der praktischen Anwendung eine ausreichende wissenschaftliche Grundlage und sie beruhte hauptsächlich auf der Empirie und der Erfahrung der Volksmedizin. Es war erforderlich, den Wirkungsmechanismus zu deuten. Ferner wurde eine pharmakologische Charakteristik erforderlich, wie auch die Schaffung neuer Präparate, die die Erarbeitung rationeller Indikationen und Anwendungsmethodiken zuließen. So wird nun in vielen Ländern das Bienengift experimentalen und klinischen Untersuchungen unterworfen, und seine hohe biologische Aktivität bestätigt. Die Zusammensetzung und die biologische Aktivität des Apito-

xins werden im Lehrstuhl für Physiologie (N. Artemov u. Mitarb.) und im Lehrstuhl für Biologie (B. Orlov) in Gorki, im Lehrstuhl für Biochemie des Menschen (Sch. Omarov) in Moskau, im Institut für Physiologie (Bilingham u.a.) in London, im Lehrstuhl für Chemie (Hanson) in London, im Institut für Rheumatologie (Mortly) in London, im medizinischen Institut in New York (Weissmann u.a.), im Institut für Kontrolle der Arzneimittel beim Ministerium für Gesundheitswesen in Sofia (R. Schipolini, S. Schkenderov u.a.) usw. untersucht. Am Pharmakologischen Institut der Universität Würzburg war es alte Tradition, über tierische Gifte zu arbeiten, und dort wurden grundlegende Untersuchungen über die Chemie und Pharmakologie des Bienengiftes von Faust, Flury, Neumann, Forster, Habermann u.a. durchgeführt.
Klinische Beobachtungen werden in der Klinik für Innere Krankheiten beim II. Med. Institut in Leningrad (E. Alesker), in der Klinik für allgemeine Chirurgie in Leningrad (G.P. Saitzev, E. Fischkov u.a.) im Institut für klinische Medizin in Kiew (N.S. Hartschenko), im medizinischen Institut in Chrakow (A. Konenko), im medizinischen Institut in Kazan (W. Porjadin), in der Universitätsklinik für Rheumatologie in München (H. Mathies), in der Klinik für Apitherapie in Montreal (J. Sain), in der Medizinischen Akademie in Varna (Sw. Rasbojnikov), im I., II. und III. städtischen Krankenhaus in Sofia (T. Pilosof und P. Potschinkowa, M. Petrov) u.a. durchgeführt.

Herstellung und Aufbewahrung

In Bulgarien arbeitet seit Jahren ein Kollektiv von Wissenschaftlern vom Institut für Kontrolle der Arzneimittel an der Fraktionierung der einzelnen Bestandteile des Bienengiftes und an der Feststellung seiner pharmakobiochemischen Eigenschaften. Ermittelt wurden die Antientzündungseigenschaften der verschiedenen Komponenten des Giftes und es wurde eine Methode zu ihrer Fraktionierung erarbeitet. Es wurde ein Präparat mit erhöhter Effektivität geschaffen, das aus den niedermolekularen Bestandteilen des Bienengiftes zusammengesetzt ist, in solchen Mengenkombinationen, die ihrer pharmakologischen Wirkung und den Nebenwirkungen Rechnung tragen. Ausschlüpfende Bienen sind praktisch noch ohne Gift. Doch schon am 2. Tag, wenn die Stacheln noch nicht gebrauchsfähig sind, fanden wir durchschnittlich 0,04 mg flüssiges Gift in der Giftblase. In den folgenden Tagen nimmt die Produktion der Giftdrüse zu, aber erst am

15. bis 20. Lebenstag ist die Giftblase gefüllt, also gerade zu der Zeit, zu welcher die Arbeitsbiene ihren Innendienst aufgibt und gewöhnlich Torwächterin wird, wobei sie das Gift dringend benötigt. Die Giftblase enthält dann etwa 0,3 mg flüssiges Gift, entsprechend 0,1 mg Trokkengift. Diese Giftmenge ist gewissen Schwankungen unterworfen und hängt auch von der Nahrung ab. Es ist durch Fütterungsversuche nachgewiesen, daß pollenfrei (eiweißfrei) aufgezogene Bienen praktisch kein Gift produzieren. Wichtig ist ferner die Jahreszeit, wobei die ersten Frühjahrsgenerationen der Bienen die größte Giftmenge besitzen und diese gegen den Herbst abnimmt, Giftmenge und Qualität zeigen auch gewisse rassenmäßige Unterschiede.

Bis vor kurzem führten die Verfahren zur Gewinnung des Bienengiftes zur Vernichtung der Bienen. Das älteste Verfahren besteht in folgendem: Die Biene wird mit einer Pinzette festgehalten und man läßt sie auf eine tierische Membran stechen, die auf dem Hals eines bis oben mit Wasser gefüllten Fläschchens gespannt ist. Die Bienen fliegen fort, wobei ihr Stachel abbricht und das Gift in das Glasfläschchen gerät. Anschließend verdampft das Wasser und es bleibt reines natürliches Bienengift zurück. Ein weiteres, noch grausameres Verfahren, ist im Herbst das Herausnehmen lebender Bienen aus dem Bienenstock, die anschließend vernichtet werden. In spezialisierten Laboratorien wird aus der Masse ihres Körpers das Gift extrahiert. Diese zur Gewinnung des Bienengiftes in der Tat barbarischen Verfahren werden neuerlich durch andere Methoden ersetzt, ohne daß dabei die Bienen vernichtet werden, wobei unter anderem auch weit größere Mengen gewonnen werden.

Zur Zeit wird zur Gewinnung von Bienengift die Methode der »Elektroerregung der Bienen« angewandt. Diese Methode erlaubt die Gewinnung bedeutender Mengen Gift in kurzer Zeit von tausenden Bienen (»Bienenmelken«). Es müssen im Durchschnitt 20 Bienenstöcke oder eine Million Bienen einmalig »gemolken« werden, damit man ein Gramm Gift erhält.

Der elektrische Stimulator, der aus Leitungen besteht, die mit einer Gleichstromquelle verbunden sind, in denen der Strom 16mal in der Minute unterbrochen wird, wird vor das Flugloch befestigt. Darunter wird ein Glas oder ein Spiegel angebracht. Beim Passieren der Bienen durch diese Einrichtung geraten sie unter den Einfluß des elektrischen Impulses, wobei sie ihr Gift abgeben, das sich auf das Glas bzw. auf den Spiegel absetzt. Die Stromspannung darf 20 V nicht überschreiten, da sonst das Leben der Bienen gefährdet ist und das Gift verunreinigt werden könnte. Die geeignetste Spannung ist 12–18 V.

Eine Voraussetzung ist, daß das Gift von gesunden und kräftigen Bienenvölkern gesammelt wird, und zwar an warmen Sonnentagen. Das Sammeln des Giftes erfolgt zweimal im Monat (in der aktiven Periode Mai–Juni), wenn das Blühen seinen Höhepunkt erreicht. Täglich ist der Stimulator 6 Stunden in Betrieb, wobei nach der ersten und dritten Stunde eine Pause eingesetzt wird.
Es wurden Beobachtungen veranstaltet, um festzustellen, ob dieses Verfahren des Giftgewinnens sich nicht ungünstig auf die Produktion der übrigen Bienenprodukte und auf den Zustand des Bienenvolkes auswirkt. Dabei wurde festgestellt, daß die Bienenmutter intensiver Eier legt, was zur Vermehrung des Bienenvolkes und zur Erhöhung der Produktivität führt. Woran das liegt, konnte noch nicht festgestellt werden. Höchstwahrscheinlich wird die Erregtheit der Bienen auch auf die Mutter übertragen. Außerdem wurde experimentell festgestellt, daß schwache Impulse zur Erhöhung der Wachsabscheidung führen. Die elektrische Erregung der Bienen wirkt sich nicht ungünstig auf die Lebensdauer der Bienen aus.
Die Bienen beruhigen sich rasch nach Abbruch der Erregung und erreichen bald ihren normalen Zustand wieder.
Das Bienengift ist ein biologisches Produkt, das stark von den Außenbedingungen beeinflußbar ist. Das Gift muß in hermetisch verschlossenen Gefäßen bei einer Temperatur von –4 °C aufbewahrt werden.

Chemische Zusammensetzung

Das Bienengift ist eine farblose, durchsichtige, dichte Flüssigkeit mit einem charakteristischen Geruch und bitterem Geschmack. Es weist eine Säurereaktion auf, und sein spezifisches Gewicht beträgt 1,131. Es wurde festgestellt, daß es sich um einen biologischen Komplex handelt, zusammengesetzt aus Stoffen verschiedener Struktur und mit verschiedenen Eigenschaften. Unter Anwendung der Gel-Filtrations- und Ionenaustauschtechnik wurde in den letzten Jahren die Trennung der einzelnen Bestandteile – Träger spezifischer Eigenschaften der Bestandteile als auch des komplexen Bienengiftes – erreicht. Durch Forcedialyse und Gelfiltration in einer Säure »Sefadex« gelang es, das Gift in hoch- und niedermolekulare Fraktionen zu trennen *(s. Abb. 11)*.

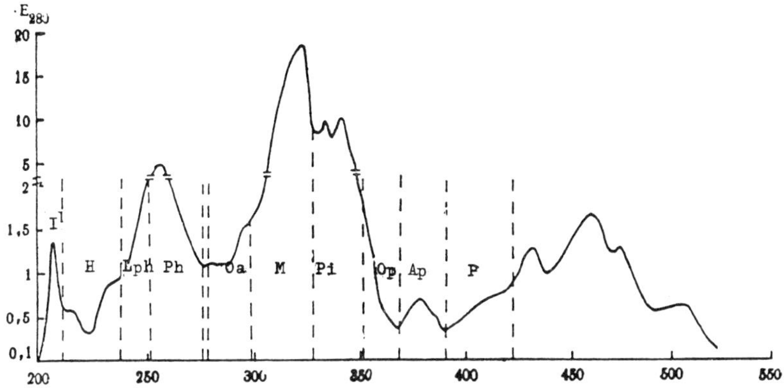

Abb. 11: Gelfiltrierung des Bienengiftes an Sephadex (nach St. Schkenderow) I – erste Fraktion, enthält Alphaglycosidase und saure Phosphomonoesterase; H – Hyaluronidase; Lph – Lisophospholipase; Ph – Phospholipase; Oa – Fraktion mit Peptide Adolapin; M – Melitin; Pi – Proteaseinhibitor; Op-MCD Peptid; AP – Apamin; P – Fraktion mit Peptiden Secamin, Tetraamin, Melitin F. Doppelunterbrochene Linie teilt die niedrigmolekularen von den hochmolekularen Komponenten. Die gesonderten Fraktionen mit unterbrochener Linie enthalten die höchsten Konzentrationen der entsprechenden Komponenten.

a) Hochmolekulare Fraktionen

Die Hyaloronidase ist ein Enzym, daß die Hyaluronsäure am Ort des Gifteintrittes abbaut, wodurch ein Eindringen der übrigen Bestandteile des Apitoxins ins Gewebe ermöglicht wird.

Alphaglykosidase und saure Phosphomonoesterase. Beide Bestandteile sind wärmeunbeständig und ihre biologische Rolle ist nicht völlig geklärt. Allem Anschein nach sind sie der Rückstand eines Enzymkomplexes, der den Nektar abbaut, sowie der Blütenpollen bei seiner Aufnahme. Sie dienen als Indikationen für die Frische des Bienengiftes. Als typische Antigene dienen sie zur Diagnostizierung und Behandlung von Kranken, die dem Bienengift gegenüber empfindlich sind.

Die Phospholipase »C« weist eine indirekte hämolytische Wirkung auf und setzt die Gerinnung des Blutes herab.

b) Niedermolekulare Komponenten

Melitin – bildet ca. 50% der Trockenmasse des Giftes und stellt ein Polypeptid dar, das aus 26 Aminosäuren besteht. In pharmakologischer Hinsicht stellt es einen stark wirkenden Stoff dar: es setzt den Blutdruck herab, blockiert die Nervenimpulse und hat eine zentrale und periphere holinolytische Wirkung.

Apamin – ist ein Bestandteil, der eine stimulierende Wirkung über Hypothalamus und mesenzephalitische Retikularformation ausübt. Durch Stimulierung des Hypophysennebennierensystems führt es zu Änderungen in den zentralen und den peripheren regulierenden Mechanismen des Organismus.
MCD Peptid – stellt eines der stärksten natürlichen Peptide dar mit nachgewiesener starker antientzündungs- und schmerzstillender Wirkung.
Adolapin – ist eine der am stärksten gegen Entzündung wirkende Komponente des Bienengiftes und hat eine stark schmerzlösende Wirkung.
Proteaseinhibitor – unterdrückt die Wirkung der proteolytischen Enzyme.

Biologische Wirkung

Die Wechselwirkung zwischen den Bienen und den Säugetieren im Laufe der Jahrtausende führte zu wichtigen Folgen für die Bienen wie auch für die Säugetiere. Einerseits fand eine Vervollkommnung des Bienengiftes statt, das auf die wichtigsten und gefährdetsten Systeme des Organismus wirkt – das Nervensystem und das Blutgefäßsystem. Andererseits wurde der Organismus der Säugetiere gezwungen, sich an das Gift anzupassen, indem er alle Schutzkräfte zur Überwindung der Wirkung des Giftes heranzog, die in einer ziemlich komplizierten Gegenreaktion besteht.
Die Schutzreaktion des Organismus beginnt im Augenblick des Eindringens des Giftes. An der Stichstelle wird ein aseptischer Entzündungsprozeß mit einer bedeutenden Schwellung, Hyperämie und Zelleninfiltration beobachtet. In der Vergangenheit wurde die therapeutische Wirkung des Giftes einzig mit diesem Prozeß verbunden. Die Toxonekrose am Stichort, die Stelle des Eindringens des Giftes schafft einen Schutzwall aus Zellen, der das weitere Eindringen des Giftes verhindert. Die Hyaluronidase verbessert die Diffusionsprozesse und erleichtert das Eindringen des Giftes in die Tiefe. Später reagiert der Organismus mit einer allgemeinen nicht spezifischen Schutzreaktion, der sogenannten »Streßreaktion«, dem »Anpassungssyndrom«.
Die Gegenreaktion des Organismus, ausgebildet auf natürlichem Wege im Laufe der Jahrtausende, erweist sich als effektiv bei verschiedenen Krankheitszuständen, die durch verschiedene Agenten verur-

sacht worden sind. Die im Gift vorhandenen Stoffe sind in der Lage in entsprechenden Dosen eine heilende Wirkung ohne Nebenwirkungen zu gewährleisten.
Die Angaben der pharmakologischen Untersuchung zeugen davon, daß das Bienengift Komponenten enthält, die ähnliche Eigenschaften aufweisen, wie die steroiden und nichtsteroiden Gegenentzündungsmittel.
Steroider Antientzündungseffekt wird durch Stimulierung des Hypophysennebennierensystems verwirklicht, begleitet von der Freisetzung des Kortikalhormons im Blut.
Das Bienengift übt eine klar hervortretende Wirkung auf das Nervensystem aus. Die Benutzung unter experimentalen Bedingungen führt zur Unterbrechung der Weiterleitung des Nervenimpulses, und zwar als volle Unterbrechung oder Abschwächung. Dieser parabiotische Zustand wird sowohl im Periphernerv sowie in den Ganglien des vegetativen Nervensystems verwirklicht.
B. Orlov (1978) stellte fest, daß das Bienengift eine stark ausgeprägte holinolytische Wirkung auf das zentrale Nervensystem ausübt.
Das Bienengift wirkt deutlich schmerzstillend, was sowohl klinisch als auch experimentell festgestellt werden konnte. Im Vergleich zu den aspirinähnlichen Analgetica sind das Bienengift und seine Fraktionen bedeutend aktiver. Sie äußern ihre analgetische Wirkung auf peripherem Wege (nicht auf narkotischem).
Das Bienengift besitzt in geringen Dosen eine deutlich ausgeprägte depressorische Wirkung. Hierbei hat die Blutdrucksenkung einen peripheren Charakter und ist auf die Lockerungswirkung auf die glatte Muskulatur der Gefäßwand und die Erregung der M-Holinoreaktionssysteme zurückzuführen. Lokal führt dieselbe zu einer starken tiefen Hyperämie, die durch den nervenreflektorischen Mechanismus verursacht wird. Dadurch wird der lokale Kreislauf verbessert und die Entzündungs- und die Abbauprodukte werden zerstreut.
Das Bienengift führt zu einer bedeutenden Zunahme der Volumengeschwindigkeit des Koronarkreislaufes bei gleichzeitiger Senkung des arteriellen Druckes.
Es wurden mehrfach Untersuchungen über das Problem Bienengift-Koagulation des Blutes durchgeführt. Es kann als bewiesen angenommen werden, daß das Bienengift die Eigenschaft besitzt, die fibrinolytische Aktivität des Blutes, zu fördern. Diese Tatsache ist von großer Bedeutung für die Prophylaxe des Zustandes vor einer Embolie und für die Behandlung von Krankheiten wie Atherosklerose und thrombotischer Embolie.

Das Bienengift wirkt als Schutzmittel gegen radioaktive Bestrahlung. Diese Eigenschaft wurde von amerikanischen und bulgarischen Wissenschaftlern festgestellt und nachträglich von sowjetischen bestätigt. Die Versuche zeugen davon, daß die vorläufige Einführung des Bienengiftes in die Versuchstiere (in nichttoxischen Dosen) bedeutend den Überlebungsprozentsatz erhöhen im Vergleich zu den Kontrollen nach der durchgeführten Röntgenbestrahlung.

Toxizität und Reaktionen bei Überempfindlichkeit

St. Schkenderov (1982) führte experimentelle Untersuchungen zwecks Feststellung der Gefahr von einer toxischen Schädigung des Organismus durch Bienengift durch. Dabei stellte er fest, daß das Bienengift in einem längeren Zeitraum (6 Monate) angewandt und zwar in Mengen, die zweimal so groß wie die maximale Dosis sind und innerhalb eines Monats in Mengen, die das 40fache der maximalen therapeutischen Dosis betragen, keine toxische Schädigung des Organismus verursacht. Erst 100mal größere Dosen als die maximale therapeutische Dosis verursachen biochemische Veränderungen infolge der pharmakologischen Wirkung des Giftes. Dieser Unterschied zwischen der therapeutischen und der toxischen Dosis, experimentell bestätigt, ist eine ausreichend überzeugende Tatsache, um die Befürchtungen mancher Ärzte vor toxischen Schädigungen des Kranken unter Einfluß des Bienengiftes zu überwinden.

Es ist bekannt, daß 2% der Menschen an Überempfindlichkeit gegenüber dem Bienengift leiden. Sie kann angeboren oder erworben sein. Sie äußert sich in allergischen Reaktionen (lokale und allgemeine) sogar bei nur einem Stich. An der Stichstelle läßt sich eine starke Rötung, Schwellung und sogar eine Bläue bei gleichzeitiger Blasenbildung beobachten. Die allgemeine Reaktion äußert sich in einem Druckgefühl in der Brustgegend, in starken Kopfschmerzen, Schwellungen an den Schleimhäuten, Juckreiz und Hautausschläge, Krämpfe der glatten Muskulatur, Übelkeit und Erbrechen, ein jähes Sinken des Blutdruckes, Herzschwäche, Ohnmachtsanfälle u.a.

Ein langer Kontakt des Menschen mit den Bienen kann zu Änderungen des Abreagierens des Bienengiftes führen, und zwar bis zu einer Überreaktion (Allergisierung). Dieser Zustand kann sich allmählich oder plötzlich (auf einmal) äußern. Es ist möglich, daß gerade auch das Gegenteil erreicht wird, d.h., daß der lange Kontakt mit dem Bienengift zur Gewöhnung führt, zu einem Immunzustand. In diesem

Fall führen sogar Hunderte von Stichen zu keiner Reaktion des Körpers. Möglich ist auch ein Übergang von Immunität zur Überempfindlichkeit gegenüber dem Bienengift. Der Mechanismus dieser Erscheinung ist allerdings noch nicht ausreichend geklärt.
Die Allergisierung des Organismus durch das Bienengift wird von folgenden Fraktionen verursacht: Hyaloronidase und Phospholipase und im geringeren Maße vom Proteaseinhibitor. Nach ihrer Beseitigung in pharmazeutischen Präparaten sinkt die Gefährdung einer Allergisierung oder verschwindet ganz.
Die Behandlung gegen die erhöhte Empfindlichkeit gegenüber dem Bienengift wird durch die Desensibilisierung mit Präparaten, die in isoliertem und reinem Zustand jene Fraktionen des Bienengiftes enthalten, für die es feststeht, daß sie allergisierend wirken, durchgeführt. Es wird im Laufe von zwei Jahren eine spezielle Immunisation durchgeführt, wobei immer größere Dosen Bienengift verabreicht werden.
Bei den allergischen Reaktionen werden Antihistaminpräparate angewandt (Allergosan, Tavejil, krampfstillende Mittel, Kortisonpräparate, Adrenalin, Dimedrol u.a.). Eine grundlegende Anforderung bei schweren Reaktionen ist die rasche Verabreichung der Arzneimittel in Form von Spritzen.

Anwendungsmethoden

Die Behandlung mit Bienengift beginnt immer nach einer vorläufigen Prüfung des Kranken gegenüber der Wirkung des Giftes und unter Ausschluß der Gegenindikationen. Kranke mit Empfindlichkeit dem Gift gegenüber dürfen damit nicht behandelt werden.
In der Praxis sind folgende Methoden zur Einführung des komplexen Bienengiftes oder nur seiner aktiven Bestandteile bekannt:

a) Einspritzen

Durch Bienenstich – die älteste Methode, wobei die lebende Biene unmittelbar selbst alle Bestandteile des Giftes in den Körper des Kranken einführt. In der Volksmedizin wird diese Methode auch heute noch im weiten Maße angewandt, aber auch in manchen Heilanstalten (GUS, Japan usw.). Die Dosierung erfolgt nach der Anzahl der Stiche, die zwischen einigen am Tage bis zu 25–30 pro Tag schwankt, bei einer gesamten Dosis von 180–200 Stichen im Laufe eines Heilungsganges.

Einspritzen von standardisierten Präparaten – »Apisarthron« (ehem. DDR), »Forapin« (BRD), »Apicur« (Frankreich), »Venapolin« und »Mellissin« (GUS), »Mellivenon« (Bulgarien) u.a.
Das Einspritzen des Präparates erfolgt intracutan oder tief im Bereich des Krankheitsherdes und in der Zone des entsprechenden Wirbelsäulensegments. Die Behandlung wird täglich, jedoch empfehlenswerterweise mindestens jeden zweiten Tag durchgeführt. Die Dosierung richtet sich nach dem Schema des Präparates, bei allmählicher Steigerung der Mengen, wobei die Gegenreaktion aufmerksam verfolgt wird. Die Behandlungsdauer umschließt in Abhängigkeit vom Wesen der Erkrankung 20 bis 30 Sitzungen, und zwar im Laufe von 6–8 Wochen bei 300–500 Bieneneinheiten. Diese Behandlungsweise wird bei rheumatoider Arthritis, Bronchialasthma u.a. empfohlen. Bei der kurzen Behandlungsdauer handelt es sich um 10–12 Sitzungen von 2–3 Wochen bei gesamter Anzahl von 80–100 Bieneneinheiten. Es wird bei Nervenentzündungen, Thrombophlebitis u.a. empfohlen. Akupunktur mit Bienengift – wird durch Bienenstiche oder Einspritzungen von Präparaten in den seit dem Altertum bekannten Akupunktur-biologisch aktiven Punkten der Haut durchgeführt *(s. Abb. 12a und 12b).*

b) Physiotherapeutische Methoden

Elektrophorese mit Bienengift – eingeführt im Jahre 1934 von Hotke. Ihr Vorteil gegenüber den Bienenstichen und den Spritzen besteht darin, daß sie schmerzlos ist und ein ausreichendes Depot unter der Haut sichert, wovon aus das Gift dauernd und allmählich in das Gewebe eindringt. Das Bienengift muß vor der Prozedur gelöst werden. Die Dauer der Prozedur erstreckt sich auf 15–30 Minuten, die Stromstärke beträgt 20–30 mA, die Behandlungsdauer 12–15 Prozeduren. Geeignet zur Behandlung von lokalisierten Prozessen, Arthrosen, Nervenentzündungen u.a. (s. physiotherapeutische Methoden).
Phonophorese mit Bienengift – eine Methode, bei der eine kombinierte Wirkung der Ultraschallenergie und des Bienengiftes erzielt wird. Eingeführt und experimentell und klinisch begründet von P. Potschinkova im Jahre 1972. Als Kontaktmilieu dient Unguentum, das 150–200 mg Bienengift enthält. Die Prozedur wird nach einer labilen Methodik durchgeführt, und zwar am Schadensherd und segmentär in der Gegend der Wirbelsäule. Die Dauer der Prozedur beträgt 5 – 12 Minuten. Die Intensität der Ultraschallergie beträgt 0,3–1 W/cm, Behandlungsdauer 12–15 Prozeduren (s. physiotherapeutische Methoden).

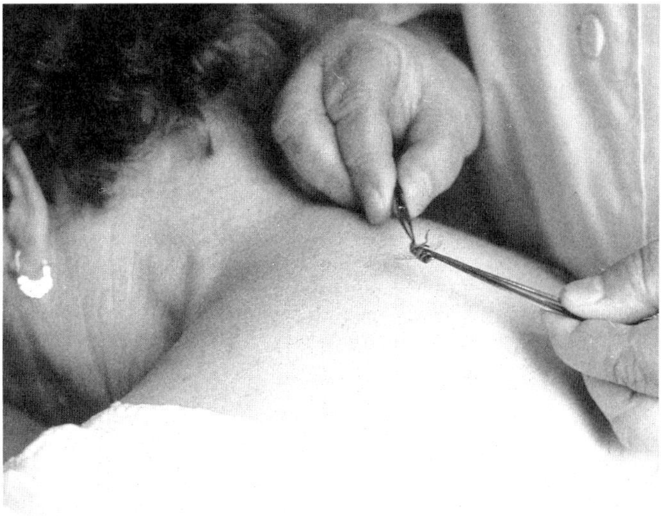

a)

Abb. 12: Heilender Bienenstich. a. Herausnahme vom Stachelapparat. b. Stellung des wirkenden Stachels auf den biologisch aktiven Punkt.

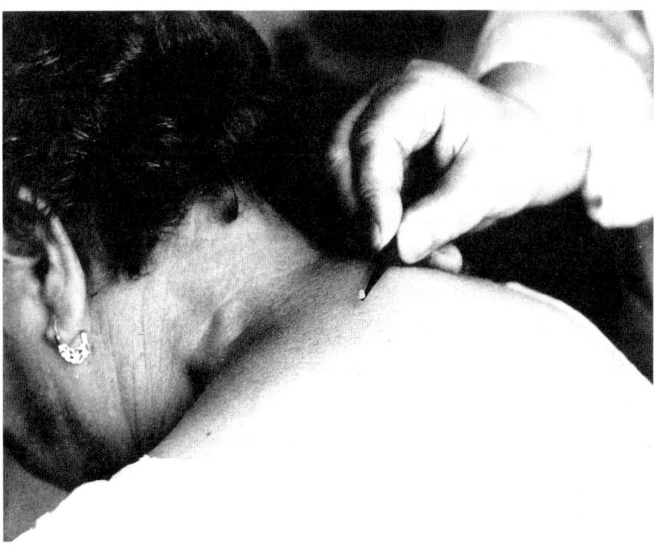

b)

Salben und Linimente werden mechanisch eingerieben. Dabei bewirkt das Bienengift eine deutliche lokale Hyperämie auf tiefer liegenden Regionen, wodurch der Gewebstoffwechsel mobilisiert wird. Nach Resorption erfolgt auf dem Blutwege eine Stimulation der Hypophyse.
Mechanische Eintragung der Bienengiftsalbe in die biologisch aktiven Punkte der Haut stellt die Methode der Akupressur dar.

c) Äußere Anwendung

Bäder mit Bienengift. Werden unter häuslichen Bedingungen durchgeführt. Sie weisen eine schmerzstillende und kreislaufverbessernde Wirkung auf.

Indikationen und Kontraindikationen

Das Bienengift, in welches die Erfahrung jahrtausendealter Volksmedizin eingegangen ist, erweist sich auch heute als brauchbar. Eine Reihe von pharmakologischen Untersuchungen und klinischen Beobachtungen erbrachte den Beweis, daß das Bienengift bei rheumatischen Leiden, Arthrosen, Spondyloarthrosen, Bronchialasthma, Gefäßerkrankungen, schwer heilenden Wunden, Erkrankungen des peripheren Nervensystems u.a. sehr günstig wirkt. Seine günstige therapeutische Wirkung beruht auf den Antientzündungs-, antiallergischen, schmerzstillenden, antikoagulierenden und allgemein stimulierenden Eigenschaften. Es müssen allerdings folgende Gegenanzeigen berücksichtigt werden:
Unverträglichkeit des Bienengiftes (angeboren und erworben), infektiöse Leber, Leiden der Nieren und der Pankreas bei Exazerbation, Dekompensation des Herz- und Kreislaufsystems, Blutkrankheiten mit Veranlagung zu Blutungen, Erkrankungen des zentralen Nervensystems und Tumore.
Bei der Anwendung von Bienengift ist Alkoholgenuß nicht anzuraten, da dadurch das Gift inaktiviert wird. Gleichfalls ist die Anwendung des Bienengiftes nach reichlicher Nahrungseinnahme nicht empfehlenswert. Das gleiche gilt auch bei Wasserprozeduren und physischen Überlastungen. Während der Behandlungsdauer wird pflanzliche und Milchnahrung empfohlen. Bei Leiden an niedrigem Blutdruck soll eine vorläufige Medikation vorgenommen werden.

Propolis

Die Propolis (Kittharz) ist eines der wertvollsten Bienenprodukte. In den letzten Jahren haben ihre speziellen Eigenschaften starkes Interesse bei Chemikern, Ärzten und sonstigen Spezialisten gefunden. Im Jahre 1974 fand in Bratislawa das erste und im Jahre 1976 das zweite Symposium über Propolis statt. Beide Symposien bestätigten, daß es sich bei der Propolis um ein einzigartiges Produkt handelt, das über ein weites Spektrum biologischer Wirksamkeit verfügt und dabei ohne jede Toxizität für den Menschen ist. Aus diesem Grunde findet die Propolis immer weitreichendere Anwendung in der Medizin.
Bereits in ältesten Zeiten haben die Menschen bemerkt, daß die Bienen Tiere, die in ihren Bienenstock gelangt sind (Mäuse, Frösche u.a.) töten und dann mit einem speziellen harzartigen Stoff bekleben; als Ergebnis bleibt die Leiche des entsprechenden Tieres unverwest, eine Art Mumifizierung im Laufe von Jahren. Auf diese Weise entledigt sich das Bienenvolk des unangenehmen Geruches und der bakteriellen Flora, die die Verwesung der Leiche des Eindringlings begleiten. Hierauf ist auch die Bezeichnung des Kittharzes »pro polis« – »für die Stadt« zurückzuführen.
Es bestehen zwei Theorien bezüglich des Ursprungs der Propolis. Nach der Theorie von Küstenmacher (1912) bildet die Propolis ein Produkt der Lebenstätigkeit der Bienen – ein verharzter Rest von der Verarbeitung des Blütenstaubes, bereichert mit verschiedenen Fermenten und Bioprodukten des Magensaftes der Bienen. Nach der Theorie von Resch (1927) sammeln die Bienen – »Propolissammlerinnen« – den Stoff von den Knospen, der Oberfläche der Früchte und der Rinde der Pflanzen. Dieser sogenannte »Pflanzensaft«, »Schleim«, »Schutzsekret«, »Knospensekret« dient zum Schutz der Pflanze und ihrer Nachkommenschaft vor den mikroskopischen Feinden und mechanischen Traumata. Die heutige Auffassung vereint beide Theorien. Nach dieser Auffassung stammt der Hauptteil der Propolis von den Pflanzen und der zusätzliche von den Bienen selbst.
Nachdem sie den Stoff in den Körbchen ihrer Hinterbeine in den Bienenstock gebracht haben, übergeben die Bienen – »Sammlerinnen der Propolis« – die Propolis an andere Bienen, die ihrerseits damit die Zellen bestreichen, in denen die Bienenmutter ihre Eier legt. Auf diese Weise wird eine antimikrobielle Prophylaxe durchgeführt, die das Leben der künftigen Generationen sichert. Außerdem verstopfen die Bienen mit diesem Stoff verschiedene Risse in ihren Bienenstöcken

und verkleinern die Ausmaße des Flugloches. Mit anderen Worten – die Propolis regelt das Klima und die Desinfektion des Bienenstockes. Die überflüssige Propolis wird von den Bienen für Notfälle »gelagert«.

Erzeugung und Aufbewahrung

Die Propolis wird durch Herausreißen aus den Stellen, wo sie von den Bienen angebracht wurde, gewonnen. Empfehlenswert ist diese Maßnahme im Sommer vorzunehmen, damit der Bienenstock im Winter nicht schutzlos bleibt.
Die gesamte Menge der Propolis in einem Bienenstock schwankt zwischen 150 und 300 g. Möglich ist auch die Erhöhung dieser Menge bis 500–600 g mit Hilfe von speziellen Einrichtungen: Netze oder zusätzliche Gitterzellen nicht weit voneinander aus Holzstäbchen gelegt. Die Bienen versuchen die Öffnungen oder die Abstände zwischen den Stäbchen zu verstopfen. Danach kommen diese Einrichtungen in einen Kühlschrank, wobei die Propolis brüchig wird und leicht abgenommen werden kann. Sie wird zu Kugeln geformt, in Nylonpäckchen verpackt und im Dunkeln aufbewahrt. Auf diese Weise kann die Propolis lange Zeit aufbewahrt werden, ohne daß dabei seine Heileigenschaften beeinträchtigt werden.
Die verschiedenen Bienenrassen sammeln und lagern in ihren Bienenstöcken verschiedene Mengen Propolis.

Chemische Zusammensetzung

Die wissenschaftliche Untersuchung der Propolis begann vor nicht langer Zeit, trotzdem häufte sich in dieser kurzen Zeit viel Material an. Die Kenntnisse betreffen die Chemie, die biologische Wirksamkeit und die klinische Anwendung. Eine große Zahl von Chemikern, Biologen, Experimentatoren und Klinikern stellten die Propolistherapie auf eine wissenschaftliche Grundlage und erklärten in hohem Maße seine heilende Wirkung.
Die frische Propolis ist grünlich-braun, von weicher plastischer Konsistenz, mit einem spezifischen aromatischen Geruch und einem herbsäuerlichen bitteren Geschmack. Bei einer Temperatur von 16–17 °C wird sie brüchig und kann leicht gestoßen oder gemahlen werden, wonach sie bei Temperaturen von 36–38 °C von neuem pla-

stisch wird. Das spezifische Gewicht beträgt 1,112–1,136, aus welchem Grunde sie leicht vom Wachs getrennt werden kann, das beim Schmelzen sich zur Oberfläche erhebt. Die Schmelztemperatur schwankt zwischen 80–104 °C. Die optimale Temperatur zur Aufbewahrung der wärmeunbeständigen Komponenten bei Wärmebearbeitung ist 93 °C (im Wasserbad). Die Propolis ist leicht löslich in Alkohol, Ammoniak, Äther, Essigsäure, wobei die Grundkomponenten extrahiert werden können.
Die biologische Aktivität der Propolis steht in Verbindung mit ihrer chemischen Zusammensetzung. Mit Hilfe von modernen Methodiken (Dünnschichtchromatographie, spektrale kernmagnetische Resonanz u.a.) konnten 23 verschiedene biologisch aktive Komponenten flavonoider und terpener Natur festgestellt werden.
J. Cismarik und M. Matel (CSFR) stellten im Jahre 1976 das Vorhandensein von Koffein- und Ferulsäure fest, die sich durch eine starke antibakterielle, regenerative und gallentreibende Wirkung auszeichnen. Die Flavonoiden (Flavone, Flavonole und Flavonone), die ca. ein Drittel des löslichen Anteiles in Alkohol der Propolis betragen, besitzen wichtige biologische Eigenschaften.
Ferner wird festgestellt, daß die Propolis folgende mineralische Stoffe und Mikroelemente enthält: Eisen, Kupfer, Calzium, Aluminium, Vanadium, Silizium, Stronzium, Mangan, Zink, u.a., mit denen viele biochemische Erscheinungen der lebenden Organismen verbunden sind: die Eiweißstoffwechselprozesse, jene der Fette, der Kohlenhydrate, die Synthese des tierischen Eiweißes, der Wärmeaustausch, die Blutbildung, die Fortpflanzung, die immunobiologischen Reaktionen u.a. Nachgewiesen ist der Zusammenhang der Mikroelemente mit den Vitaminen, Hormonen und Fermenten im Organismus.
In der Propolis wurden Vitamin B_1 (Thiamin), Vitamin B_5 (Nikotinsäure) und das Provitamin »A« angetroffen.
Allgemein gesagt, besteht die Propolis zu 50–85% aus Harzen und Klebstoffen, zu 5–15% aus ätherischen Ölen, 10–50% Wachs, 5–15% Honigpollen, 5–10% Gerbstoffen und 5–10% mechanischen Beimischungen. Die Voraussetzung für eine hochqualitative Propolis ist der Gehalt von 30% Wachs, 20% anderen Stoffen und 50% biologisch aktiven Stoffen.
Obwohl die Propolis lange Zeit ihre Aktivität bewahrt, nimmt man an, daß die frische Propolis eine höhere biologische Aktivität aufweist als die alte.

Biologische Wirkung

Seit 1906 ist bereits die Rede von der antiseptischen und regenerativen Wirkung der Propolis sowohl für tierisches als auch für pflanzliches Gewebe. Später stellten A. Kajas (1945), W. Kawalkina (1947), P. Lavy (1956), Hambelton (1950), Verge (1951) u.a. experimentell fest, daß die Propolis ein weites antimikrobielles Spektrum besitzt. Besonders aktiv ist die Propolis gegenüber dem hämolytischen Streptokokk, dem weißen und goldenen Staphylokokk, dem Bakterium coli, dem Bakterium pyozyaneum, Salmonella thyphi, Bakterium proteus vulgaris, Bacillus antracoides u.a. W. Kawalkina untersuchte im Jahre 1948 die Aktivität der Propolis gegenüber 74 Stämmen von Bakterien. Sie stellte dabei einen weiteren bakteriziden und bakteriostatischen Wirkungsbereich fest. Die Wirkung ist allerdings gegenüber den verschiedenen Mikroben verschieden.

Untersucht wurde ferner die antimikrobielle Aktivität der Propolis gegenüber der Mikroflora des Magen-Darm-Traktes. Festgestellt wurde auch, daß seine Peroralverabreichung nicht zu einer Disbakteriose führt. Es gibt Stämme von Mikroorganismen, die eine große Empfindlichkeit gegenüber der Propolis aufweisen, während sie gegenüber den Antibiotika bei der gleichen Konzentration sehr beständig sind.

Klinisch und experimentell ist die antimykotische Wirkung der Propolis festgestellt worden. Es wurden viele Beobachtungen an Kranken, die an mykotischen Stomatitis, Typ Candida litten, mit lokaler und peroraler Behandlung durchgeführt. Die Ergebnisse wurden klinisch und bakteriologisch bestätigt. Ähnliche Ergebnisse wurden auch von vielen anderen Autoren erzielt, und zwar bei Candida albicans, Claudosporium aspergillus, Trichomonas vaginalis u.a. Andererseits führt eine langdauernde Anwendung der Propolis nicht zur Bildung von resistenten Formen, d.h. zur Adaptation der Mikroorganismen an die Propolis im Unterschied zu den Antibiotika und Sulfonamiden.

Die Propolis weist auch eine Antiviruswirksamkeit auf, bedingt durch die Flavonoide: Apigenin, Akazetin, Pektolinaringenin. Untersucht wurde der Einfluß der Propolis auf pflanzliche pathogene Viren, wobei eine starke Antiviruswirkung festgestellt wurde, besonders stark ausgedrückt gegenüber dem Virus der Nekrose des Tabaks und dies schon bei ganz schwachen Konzentrationen. Nachgewiesen wurde ferner der Antiviruseffekt der Propolis (in einer Kombination mit weißem Futtersaft oder Pollen) beim Grippevirus. Bestätigt

wurde, daß die antibiotische Aktivität der Propolis hauptsächlich auf die »Schutzabsonderungen« der Pflanzen-Urquellen der Propolis zurückzuführen ist.
Es ist bekannt, daß die Propolis sowie ihre Ursprungsquellen die spezifische Besonderheit besitzt, das Wachstum der Pflanzen und das Sprießen der Samen (Keime) zu hemmen. Diese Wirkung ist auf den Gehalt an p-Oxybenzol- und p-Kumarsäure, Sesguiterpen »L« und auf zwei Flavonone, Derivate des Naringenins, zurückzuführen. Im Zusammenhang mit dieser inhibierenden Wirkung stehen höchstwahrscheinlich die festgestellten morphologischen Änderungen in den Zellen und Geweben bei Karzinomaszites von Ehrlich, in Kontakt gebracht mit Trockenalkoholextrakt von Propolis. Hierbei wurde eine völlige Einstellung des Atmens der Aszitzellen des Karzinoms beobachtet. Bei histologischen Untersuchungen wurden distrophische Änderungen in den Tumorzellen und ihr Überwachsen in das Bindegewebe beobachtet.
Andererseits besitzt die Propolis eine stimulierende Wirkung auf die Regeneration sowohl des pflanzlichen als auch des tierischen Gewebes (der Knochen, Muskeln und Nerven). Sie besitzt die Fähigkeit, jäh die Epithelisation und das Wachstum der Zellen beim Wundverschluß zu steigern. Diese Eigenschaften verdankt die Propolis den in ihr enthaltenen Flavonen. (Pharmazeutische Präparate auf der Basis von Flavonglykosiden werden in der Medizin zur Heilung verschiedener Ulkuserkrankungen angewandt.) Einerseits unterdrückt die Propolis die Entwicklung einiger Gewebe (von Keimen, Tumoren) und stimuliert wiederum andererseits die Regeneration anderer Gewebe. Eine solche Polifunktionalität wird oft bei Stoffen beobachtet, die an den Schutzsystemen der höheren Pflanzen beteiligt sind.
Die Propolis ist imstande, die Entwicklung oder die Fortsetzung des Entzündungsprozesses zu verhindern oder zu unterbinden. Die Flavonoiden wirken stabilisierend auf die Kapillarwände, indem sie ihre Brüchigkeit verringern, ferner katalysieren sie die Stoffwechselprozesse und verbessern die Ernährung des Gewebes.
Bekannt ist auch die gut ausgeprägte schmerzstillende Wirkung der Propolis, die um das mehrfache jene des Kokains übertrifft (3,5mal), sowie des Novokains (5,2mal).
Es steht experimentell fest, daß die Propolis bei innerer Aufnahme den spezifischen und nichtspezifischen Immunschutz des Organismus stimuliert, was zu einer Steigerung der resistenten Kräfte des Organismus führt. Die aktive Wirkung der Propolis auf die Faktoren der Immunität äußern sich experimentell in der Zunahme der komple-

mentären phagozytischen Aktivität, sowie des Properdins im tierischen Blut. Sie stimuliert die Synthese der spezifischen Antikörper, Agglutinine, Präzipitine und erhöht den Gehalt des Komplements und der Gammaglobulinfraktion im Serum (W. Riwalkina 1975–77). Vielerseits wurde das Fehlen jedweder Toxizität der Propolis festgestellt. Vielmehr noch wurde bei bestimmten Infektionskrankheiten eine gewisse antitoxische Wirkung bemerkt, d.h. die Propolis, an sich selbst für den Organismus unschädlich, besitzt eine detoxinierende Wirkung auf die Toxine.
Rumänische Autoren (J, Krisan 1976) untersuchten in vitro und serologisch die Wirkung des Wasserextraktes der Propolis auf das Oberflächenantigen der Hepatitis »B« und beobachteten eine deutlich ausgeprägte inhibierende Wirkung.
Bekannt ist ferner auch die kombinierende Wirkung der Propolis und der üblichen Antibiotika. Dabei steigt die antimikrobielle Aktivität des Penizillins, Streptomyzins, des Tetrazyklins u.a. (von 10–100mal), wobei gleichzeitig ihre Wirkungsdauer prolongiert wird. Als perspektivisch erweisen sich die Kombinationen von Propolis mit verschiedenen chemischen Stoffen: Salizylsäure, Natriumchlorid u.a., höchstwahrscheinlich in Zusammenhang mit der Erhöhung der Hautdurchdringung, die durch ihren Einfluß hervorgerufen wurde.

Anwendungsmethoden

Abgesehen von ihren positiven Eigenschaften muß die Propolis vorsichtig angewandt werden. Jedes Heilmittel, darunter auch die Propolis wird in bestimmten Dosen vorgeschrieben, deren Größe vom Stadium, dem Charakter, der Schwere der Erkrankung, dem Alter und dem Gewicht des Kranken u.a. abhängt. Bei Nichteinhaltung obiger Voraussetzung kann unter Umständen eine Verschlimmerung erfolgen.
Da es Menschen gibt, die eine erhöhte Empfindlichkeit der Propolis gegenüber besitzen, darf die Behandlung erst nach der biologischen Probe bezüglich einer Überempfindlichkeit und zu Anfang mit geringen Dosen beginnen.

a) Innere Anwendung

Die natürliche Propolis wird in Form von Pulver, Granulat, Tabletten oder kleinen Stückchen in der Gesamtdosis von 1–5 g dreimal täglich, 1–1 ½ Stunden vor dem Essen, eingenommen.

Der Alkoholextrakt (10%, 20%, 30%) wird zu 30–40 Tropfen in einem Löffel warmen Wassers oder Milch aufgelöst 1–1½ Stunden vor dem Essen eingenommen.
Propolispasten auf der Basis von Bienenhonig, Butter, Margarine u.a. (10%, 15%, 20%) werden dreimal täglich je einen Teelöffel 1–1½ Stunden vor dem Essen eingenommen.

b) Äußere Anwendung

Äußerlich wird die Propolis durch Einreiben von Salben oder Alkoholextrakt, oder durch Gurgeln mit Propoliswasser, angewandt. Pflaster, Stuhlzäpfchen u.a.

c) Physiotherapeutische Methoden

(S. Physiotherapeutische Methoden.)
1. Elektrophorese mit Propolis: Angewandt wird galvanischer oder Impulsstrom. Die Propolis kommt als Wasserextrakt zur Anwendung (10%) oder als Alkohol-Wasser-Emulsion (1:10 oder 1:5). Als aktiv erweisen sich beide Pole.
2. Phonophorese mit Propolis – als Kontaktmilieu dient Unguent (Extraktions- oder Propolisat) in Konzentrationen von 10–20%.
3. Inhalationen mit Aerosol aus Propolis. Es werden Kompressoren oder Ultraschallaerosole angewandt. Unter häuslichen Bedingungen werden Dampf- oder warm-trockene Inhalationen mit Propolis durchgeführt. Zur Pulverisierung dient Wasserextrakt (10%), Alkohol-Wasser (1:10) oder alkoholische (1:1, 1:2) Emulsionen.
4. Thermaltherapie – hierbei handelt es sich gewöhnlich um Kombinationen von Propolis und Wachs.

Arzneiformen von Propolis

a) Alkoholextrakt und Emulsionen

Die in kleinen Stücken zerschnittene Propolis wird 3–4 Tage lang in 95%igem Alkohol im Verhältnis 1:5 oder 1:6 (100 g Propolis und 500 oder 600 ml Alkohol) in einem gut verschlossenen Gefäß bei Raumtemperatur im Dunkeln unter häufigem Schütteln aufbewahrt. Danach wird es durch einige Schichten Verbandmull oder durch Filterpapier geseiht. Das Filtrat wird in einen Meßzylinder gegossen und 95%iger Alkohol hinzugefügt, bis die Ausgangsmenge (500 oder 600 ml) erreicht wird. Auf diese Weise erhält man einen 20- bzw. 15%igen Alkoholextrakt. Einfacher, wenn auch nicht sehr genau,

wird 30%iger Alkoholextrakt folgenderweise hergestellt: 30 g zerstückelte Propolis wird mit 100 ml Alkohol (95%) übergossen. Die Lösung bewahrt man 4–5 Tage im Dunkeln, in einem gut verschlossenen Gefäß auf, indem sie periodisch geschüttelt wird. Es folgt die Filtrierung. Die Aufbewahrung findet bei Raumtemperatur statt. Die Aufbewahrungsdauer ist unbeschränkt.
Die Emulsionen erhält man aus 30%igem Alkoholextrakt, das mit Wasser in Proportionen von 1:5, 1:10, 1:100 gemischt wird. Ihre Haltbarkeit beträgt 5–6 Tage. Sie werden in der stomatologischen Praxis, als Aerosol und Kompresse, zum Gurgeln u.a. angewandt.
Die Emulsionen können auch aus 30%igem Alkoholextrakt auf der Basis von Glyzerin, Sonnenblumenöl, Oleosevitamin »A«, Lebertran u.a. im Verhältnis 1:1 oder 1:2 gewonnen werden. Ihre Haltbarkeit ist unbeschränkt. Vor der Einnahme werden sie geschüttelt. Sie werden als Nasentropfen verwendet.

b) Wasserextrakt

30 g natürliche Propolis, klein zerstückelt wird in einem Emaillegefäß mit 300 ml Wasser übergossen. Das Gefäß wird verschlossen und im Wasserbad im Laufe von 45–60 Minuten zum Kochen gebracht. Nach einer Abkühlung von ca. 12 Stunden wird die Flüssigkeit in ein dunkles Glasgefäß umgeschüttet. Zur auf dem Gefäßboden verbliebenen Propolis werden noch 30 g neue Propolis und weitere 300 ml Wasser hinzugefügt und diese Flüssigkeit wird 10–15 Minuten lang auf Schwachfeuer gekocht. Nach einer Abkühlungsphase von ca. 12 Stunden wird die Flüssigkeit in dasselbe Glasgefäß geschüttet.

c) Salben

1. Propolisate. Als Grundlage ihrer Herstellung dient Vaselin in verschiedenem Verhältnis zu Lanolin (9:1, 8:2). Zu 100 g des Basisgemisches werden 10–20 ml 30%igem Alkoholextrakt von Propolis zugeführt. Das Basisgemisch wird im Wasserbad erwärmt, hinzugeführt wird Alkoholextrakt und unter ständigem Rühren wird das Ganze zum Kochen gebracht. Hierbei verdampft der Alkohol. Das erhaltene Unguent (3–6%) wird abgepackt.
2. Extraktionssalben. Sie beruhen auf verschiedener Grundlage: Vaselin, Vaselin-Lanolin (10:2), Sonnenblumenöl u.a.
Der Grundstoff wird gut erwärmt, danach wird eine verschieden hohe Menge kleingeschnittene Propolis, je nach dem gewünschten Prozentsatz der Extrakte (15g, 20g, 30 g) hinzugegeben. Die Extraktion selbst erfolgt im Wasserbad unter ständigem Rühren der Masse im

Laufe von 20–30 Minuten. Nach einer Abkühlung von ca. 20–30 Minuten erfolgt die Filtrierung durch Verbandmull in noch relativ warmem Zustand.
Die Herstellung der Extraktionssalben ist nicht zweckmäßig, da nicht alle Bestandteile der Propolis extrahiert werden.
3. Propolissalbe mit Salizylsäure. 100 g natürliche, kleingeschnittene Propolis werden mit 20–30 ml Alkohol (95%) übergossen und im Laufe von 2–3 Tage im Dunkeln bei Raumtemperatur unter häufigem energischen Rühren mazeriert. 500 g Vaselin werden bis zum Kochen erwärmt. Danach wird es auf 60–70 °C abgekühlt, wonach die mazerierte Propolis hinzugefügt wird. Auf schwachem Feuer wird die Masse innerhalb von 10–15 Minuten gerührt, wobei der Alkohol verdampft. Im noch warmen Zustand erfolgt die Seihung. Hinzugefügt werden 25 g Salizylsäure, anfangs Unguent in geringer Menge, das danach zur gesamten Menge hinzugefügt wird.

d) Propolispasten

In kleinen Stücken wird die Propolis in einem Kühlschrank verschlossen. Hierbei wird die Propolis spröde und läßt sich kleinstoßen. Die zerkleinerte Propolis (10g, 15g oder 20 g) wird allmählich zu 100 g Grundmasse: Honig, Margarine, Butter u.a. hinzugefügt.

e) Pflaster

Bei größeren beschädigten Zonen können Propolispflaster angewandt werden. Das Pflaster wird leicht bis ca. 38–40 °C erwärmt und danach aufgelegt.
Vorbereitung: (S. Physiotherapeutische Methoden.)
In der Volksmedizin werden als Pflaster Nessel- oder Sackleinenstükke verwandt, die die Imker in den Bienenstöcken über den Rahmen anbringen. In diesem Fall werden diese Stücke von den Bienen selbst sehr gut mit Propolis getränkt.

Indikationen und Kontraindikationen

Das weite Spektrum der biologischen und pharmazeutischen Eigenschaften der Propolis bedingt ihre Anwendung bei folgenden Erkrankungen: bei der Behandlung von Wunden, Dekubitalgeschwüren, Verbrennungen, trophischen Geschwüren sowie bei der Prophylaxe und der Behandlung von Eiterprozessen (Furunkeln, Panaritien u.a.) in der Hals-, Nasen- und Ohrenheilkunde, bei der Behandlung von

Rhinitis, Sinusitis, Pharyngitis, Ohrenentzündung, Kehlkopfentzündung, bei inneren Krankheiten, bei der Behandlung von Magen- und Duodenalgeschwüren, Gastritis, Kolitis, Bronchialkatarrh, bei degenerativen Gelenkerkrankungen mit Entzündungscharakter, bei der Behandlung und Prophylaxe von Bestrahlungsschäden, in der Stomatologie bei der Behandlung von Schleimhautprozessen, bei erhöhter Zahnempfindlichkeit, Pulpitis, Parodontopathien, nach Extraktion, bei den gynäkologischen Erkrankungen (Kolpitis, Erosio, Trichomonas vaginalis u.a.), in der Dermatologie bei der Behandlung von Juckreizen, Trichophytien, Hyperkeratose, Rhagaden, akuten und chronischen Ekzemen, Haarschwund u.a.
Gegenanzeigen: die einzige Gegenanzeige bildet die selten vorkommende Unverträglichkeit der Propolis gegenüber.

Wachs

Das Wachs wurde in alten Zeiten dank seiner konservierenden Eigenschaften zur Balsamierung von Leichen angewandt. Auch heute noch befindet sich in der Akademie der Wissenschaften der GUS ein anatomisches Präparat, das bereits zur Zeit Peters I. konserviert wurde.
Das Wachs wird in den Wachsdrüsen der Arbeitsbienen gebildet, die sich am Bauch der Bienen befinden. In den Drüsen ist das Wachs in flüssigem Zustand, doch verfestigt es sich in Blättchenform beim Austritt und beim Kontakt mit der Luft. Das Wachs hat eine zweifache Aufgabe: es dient als Schutz gegen Feuchtigkeit bei Bedeckung des Bienenkörpers und zum Bau von Waben.
Die Entwicklung der Wachsdrüsen bei den Bienen erfolgt allmählich und erreicht ihr Maximum zwischen dem 12. und 18. Tag nach dem Ausschlüpfen. Beim Bauen der Waben ziehen die Bienen mit den Hinterfüßen die Wachsblättchen aus den Bauchringen hervor. Sie zerkauen und zerspeicheln sie und bringen sie dort an, wo sie eine Wabe beginnen oder weiterführen wollen.
Auf den vier Gliedern mit je einem Paar Wachsdrüsen bilden sich gleichzeitig acht halbdurchsichtige Schuppen, von denen jede einzelne ¼ mg schwer ist, so daß 1 kg Wachs 4 Millionen Wachsblättchen enthält.
Normalerweise liefert ein Bienenstock pro Saison 0,8–1,2 kg Wachs. Die Bienen können auch zu größerer Wachsabscheidung stimuliert werden. Dies geschieht durch das Einsetzen von Baurahmen in den Bienenstock. Die Bienen dulden keine großen Abstände zwischen den Waben. Außerdem stimuliert das Einsetzen von künstlichen Wachswaben Wachsabscheidung und die Bautätigkeit der Bienen. Unter solchen Bedingungen können die Arbeitsbienen in nur einer Nacht 150–250 g Wachs absondern.
Die Wachsdrüsen funktionieren aktiv nur bei einer reichlichen natürlichen Ernährung. Bei niedrigen Temperaturen (unter 15 °C) oder bei regnerischem Wetter sondern die Bienen entweder sehr wenig Wachs oder überhaupt keines ab.
Neugebaute Waben sind weiß und bestehen zu 100% aus reinem Wachs. Durch die Ausdünstung werden sie aber bald gelblich und später dunkel gefärbt. Die Änderung der Farben hängt von den Beimengungen ab (Propolis, Pollen u.a.), von der Überhitzung in Anwesenheit von Honig, vom Kontakt mit Metallen u.a.

Gewinnung und Aufbewahrung

Das Wachs wird von den Waben nach Zentrifugierung des Honigs gewonnen. Die Waben werden im kochenden Wasser gelöst und das Wachs schwimmt auf der Oberfläche. Danach folgt neuerliches Schmelzen zum Zweck des Abpackens.
Das Wachs wird in trockenen und gut belüfteten Räumen aufbewahrt, wo keine giftigen oder geruchabsondernden Stoffe aufbewahrt werden dürfen. Das Wachs bewahrt für eine unbestimmt lange Zeit seine Eigenschaften. Es ist bekannt, daß in den ägyptischen Grabstätten aufgefundene Wachsstücke auch heute noch zum großen Teil ihre Plastizität besitzen.

Chemische Zusammensetzung

Unter den heutigen apitherapeutischen Mitteln ist das Wachs am wenigsten erforscht und findet auch die geringste Anwendung von allen Bienenprodukten.
Das Wachs hat eine hellgelbe bis braune Farbe und einen starken aromatischen Geruch. Bei höheren Raumtemperaturen ist es sehr plastisch. Sein spezifisches Gewicht beträgt 0,956–0,969. Es schmilzt bei Temperaturen zwischen 62–72 °C. Bei Abkühlung gibt es die aufgenommene Wärme wieder ab.
Seiner Zusammensetzung nach stellt das Wachs ein Gemisch von vielen chemischen Verbindungen der Fettreihe u.a. dar. Es besteht hauptsächlich aus Estern höherer Fettsäuren und höheren Fettalkoholen (70–75%). In geringen Mengen enthält es ungesättigte und gesättigte Kohlenwasserstoffe (11–17%), freie Fettsäuren (10–15%) und freie Alkohole, mineralische Verbindungen, verschiedene Farbstoffe, Aromastoffe u.a. Der prozentuelle Anteil der Verbindungen, aus denen das Wachs zusammengesetzt ist, schwankt in Abhängigkeit von seinem Ursprung.
Das Bienenwachs ist neben dem Petroleum und den Petrolerzeugnissen einer der kalorienreichsten Stoffe. Beim Verbrennen eines Kilogramm Wachs wird 41 860,000 J Wärme frei.
Das Wachs enthält Vitamine, inbesondere Vitamin »A«. 100 g Wachs enthalten 4096 ME, während 100 g Rindfleisch nur 60 ME Vitamin »A« enthalten. In geringen Mengen enthält das Wachs auch Propolis, Pollen u.a.
Im Wachs ist Melitinsäure (in geringen Mengen) festgestellt worden.

Mit der Zeit bei mehrfacher Verwendung verringert sich das reine Wachs in den Waben auf Kosten anderer Stoffe: Pollen, Propolis, Kokons u.a.
Das Wachs ist in Wasser unlöslich. Es wird in Äther, Benzol, kochendem Alkohol u.a. gelöst.
Bei höherer Temperatur wird es überhitzt, wobei sich seine Eigenschaften ändern.

Biologische Wirkung

Aus chemischer Sicht sind die Wachse den tierischen und pflanzlichen Fetten ähnlich. Die vom Menschen verwendeten Fette sind Ester der dreiwertigen Alkohole (Glyzerin), während die Wachse Ester von gewissen einwertigen Alkoholen sind. Zum Abbau der Fette im tierischen Organismus sind entsprechende Fermentsysteme erforderlich, dank denen dieselben verwertet werden, d.h. zur Nahrung dienen. Zum Abbau des Wachses existieren im Verdauungssystem des Menschen und der Tiere keine entsprechenden Fermentsysteme. Einzig die Bienenmotte (Wachsschabe) und der kleine afrikanische Bienenfresservogel, bekannt als »Indikator« oder »Honiganzeiger«, besitzen die Fähigkeit, die Wachse abzubauen und sie sich anzueignen. Dies erfolgt mit Hilfe von spezialisierten Symbiosemikroorganismen, die zum Aufbau nötiger Fermente dienen.
Bei der Erwärmung nimmt das Wachs eine bestimmte Menge Wärme auf, die es dann an die darunterliegenden Gewebe weiterleitet. Als Folge tritt lokale Hyperämie mit allen daraus folgenden Änderungen auf: Verbesserung der Ernährung der Gewebe, Abtragen der Entzündungs- und Abfallprodukte u.a.
Es ist bekannt, daß ein Teil der aktiven Stoffe des Wachses von der Haut resorbiert werden können. Andererseits wird angenommen, daß das Wachs eine gewisse Adsorptionsfähigkeit durch die Haut besitzt, d.h. Abfallprodukte wie Toxine u.a. entzieht. Diese Eigenschaften sind allerdings nicht wissenschaftlich erforscht.
Unter Einfluß des Wachses verbessert sich die Elastizität der Haut und sie bekommt ein frisches und glattes Aussehen.

Anwendung

a) Äußerliche Anwendung – Das Wachs dient als Grundlage vieler pharmazeutischer und kosmetischer Präparate: Unguente, Stuhlzäpfchen, Pflaster und Gesichtscremen. Die Volksmedizin empfiehlt die Herstellung von Salben aus erwärmtem Wachs und Sonnenblumenöl (1:1, 1:2) zur Behandlung von Rhagaden der Brustdrüsen, rissigen Fersen u.a.

b) Das Wachs dient zur Herstellung von Kaugummi. Bei dem Kauen von Kaugummi wird reichlich Speichel und Magensaft abgesondert, die die Magenfunktion aktivieren. Dabei werden auch die Zähne mechanisch gereinigt. Der Wachskaugummi wirkt günstig auf die Entzündungsprozesse in der Mundhöhle.

In den USA werden Wachshonigpralinen zum Lutschen hergestellt. Hierbei konserviert das Wachs die Heileigenschaften des Honigs und macht die Pralinen kau- und lutschfähig. Die Volksmedizin empfiehlt die »Verschlußwände« der Zellen, die außer Wachs auch Pollen, Propolis, Larven u.a. enthalten.

c) Die Inhalationen mit Wachs werden bei seiner Verdampfung bei den sogenannten »warm-trockenen« Inhalationen durchgeführt (s. physiotherapeutische Methoden).

d) Warmbehandlung mit Wachs – Bei Erwärmung im Wasserbad nimmt das Wachs Wärme auf, die es später beim Abkühlen abgibt. Die Wärme übt auf die der Einwirkung ausgesetzten Gewebe günstige Genesungsänderungen aus. Außer auf der Wärmewirkung beruht die Heilwirkung auch auf der Resorbierung der in ihm enthaltenen aktiven Stoffe sowie auf der Adsorbierung von den Geweben der Abfallprodukte.

Die Wärmebehandlung mit Wachs erfolgt durch Auflegen von warmen »Wachskuchen«, von Mullkompressen oder von Pflastern mit Wachs (s. physiotherapeutische Methoden).

Die Wärmebehandlung mit Wachs wird bei Erkältungs- und Entzündungserscheinungen der Muskeln und Nerven, Sehnenscheidenentzündung, degenerative und traumatische Erkrankungen der Gelenke u.a. angewandt. Bei Bronchialkatarrh ist das Auflegen von Pflastern auf den Brustkorb (vorn oder hinten) empfehlenswert. Es wird vornehmlich bei Kindern angewandt.

B. Bienenprodukte mit Nähr- und Heileigenschaften

Die Nahrung des Menschen stellt eine komplizierte Kombination von verschiedenen Produkten dar, die der Menge und Qualität nach verschiedenartige Stoffe enthalten – Eiweiße, Fette, Kohlenhydrate, Vitamine, Mineralsalze und Wasser. Unsere Nahrung ist die einzige Energiequelle und Aufbaumaterial für die Entwicklung und Wiederherstellung des Organismus. Die richtige Ernährung sichert einen gesunden und arbeitstätigen Organismus, erhöht seine Widerstandskräfte und bietet ihm die Möglichkeit, sich leicht an die verschiedenen Einflüsse der Umwelt anzupassen.
Die Bienenprodukte mit Nähr- und Heilwert Honig, Weiselfuttersaft und Pollen enthalten alle für den Menschen erforderlichen Nahrungsstoffe: Kohlenhydrate, Fette, Eiweißstoffe, Vitamine und Mineralsalze. Ihr biologischer Wert liegt aber vor allem in ihrem reichen Gehalt an Nebennahrungsbestandteilen – Vitaminen, Enzymen, Aminosäuren, Hormonen, Antibiotika u.a., die leicht vom Organismus anzueignen sind und die Rolle von natürlichen Medikamenten spielen. Viele ihrer Komponenten stammen von den Heilpflanzen, die als Rohstoff bei der Herstellung von einer Reihe pharmazeutischer Präparate dienen; in den Bienenprodukten kommen allerdings die Heilstoffe in konzentriertem und natürlichem Zustand vor.
Die Bienenprodukte mit Nähr- und Heileigenschaften dienen außer zur Vorbeugung und Behandlung verschiedener Krankheiten, zur Kräftigung des Organismus und zur Erhöhung seiner Widerstandskräfte auch noch als vorzügliche tägliche naturale Nahrung der Bevölkerung, die den vielzähligen schädlichen Einflüssen der Umwelt vorbeugt.

Honig

Der Honig ist ein Produkt der Honigbiene (Apis mellifica), der hauptsächlich aus dem Nektar der blühenden Pflanzen hergestellt wird. Die Arbeitsbienen »Nektarsammlerinnen«, die von Blüte zu Blüte fliegen, saugen aus den Blütenkränzen den sich dort in geringen Mengen befindenden Nektar. Seine Erzeugung erfolgt in den Spezialdrüsen der Pflanzen, die auch Nektarien genannt werden. Er stellt eine durchsichtige süße Flüssigkeit dar. Der Zuckergehalt variiert stark und hängt von der Blumenart, von den klimatischen Bedingungen usw. ab. Es handelt sich dabei um Invertzucker (5,57%) und Rohrzucker (11,3%). Der Nektar enthält 78,8% Wasser, Stickstoffsubstanzen, Eiweißstoffe (0,21–1,5%), anorganische und organische Stoffe, Mineralsalze u.a.

Die Verarbeitung des Nektars zu Honig beginnt bereits beim Sammeln von den Blüten. Ein Teil von dem in den Chylusmagen der Biene gelangten Nektar wird einbehalten, um die Energieverluste der Bienensammlerin zu ersetzen, während der größere Teil mit Fermenten, organischen Säuren und anderen Stoffen angereichert wird, wobei ein Teil des Wassers resorbiert wird. Die »Sammlerinnen« tragen den Nektar in den Bienenstock, wo sie ihn einer »Abnehmerin« überlassen. Letztere schluckt denselben, wobei sie ihn mehrfach zur Rüsselspitze zurückbefördert, in dem ein großer Teil des Wassers verdampft. Hierbei wird der Nektar mit einer weiteren Menge an Fermenten und anderen aktiven Stoffen angereichert. Zum Schluß wird das Tröpfchen, bereits verwandelter Nektar, in eine spezielle Zelle abgelegt, wo das Verdampfen des Wassers weiter andauert. Unter Einfluß der Fermente geht die Verwandlung weiter.

Allmählich verwandelt sich der Nektar in Honig. Auf diese Weise erfolgt die Verwandlung des Nektars in Honig im und außerhalb des Körpers der Biene. Die zu $^{3}/_{4}$ mit Honig ausgefüllten Zellen werden mit Wachs abgeschlossen. Auch danach dauern die physikalisch-chemischen Prozesse über 3–4 Wochen an. Der Honig reift weiter, bis er sich letzten Endes in reifen, hochqualitativen Honig verwandelt.

Je nachdem ob es sich um einartige oder mehrartige Pflanzen handelt, von denen der Nektar gesammelt wurde, spricht man von monoflorem oder polyflorem Honig. Es ist festgestellt worden, daß dem Honig die Nähr- und Heileigenschaften der Pflanzen zu eigen sind, von denen er stammt. Viele von ihnen sind Heilpflanzen (Kräuter), die dem Honig hohe Heileigenschaften verleihen.

Der Honig dient dem Bienenvolk als Energiemittel, während die Eiweißstoffe, Fette, Mineralstoffe und Vitamine, die die Bienen zum Aufbau ihres Körpers brauchen, von Pollen geliefert werden. Das eifrige Sammeln der Nahrung ist nicht auf ein vorübergehendes Hungergefühl zurückzuführen, sondern auf einen tiefen Instinkt, die Nahrung für den Winter zu sichern. In einer Saison kann ein Bienenvolk bis zu 150 kg Honig sammeln.
In den Ländern mit gemäßigtem Klima sind manchmal die Bienengewächse nicht ausreichend, in solchen Fällen benutzen die Bienen zum Honigerhalt auch den Mehltau, den sogenannten »Honigtau«. Dieser bildet sich an heißen Sommertagen an den Blättern und zarten Teilen mancher Pflanzen (Eiche, Ahorn, Weide u.a.) oder wird dort von einigen Parasiteninsekten (Blattläuse) abgesetzt. Sie saugen in Fülle die süßen Säfte von den Pflanzen, und da sie nicht die ganze Menge verwerten können, sondern sie an den Blättern Tropfen süßen Saftes ab.
Außer dem Nektar- und Mehltauhonig wurde in letzter Zeit auch der sogenannte »Expreßhonig« bekannt. Zu seiner Gewinnung werden die Bienen daran gewöhnt, sich Zuckersirup anzueignen, der Auszüge von verschiedenen Kräutern, Medikamenten, Vitaminen u.a. enthält. So wurden 85 verschiedene Arten Heilhonig aus den Säften verschiedener Früchte, Gemüsearten, Kräutern und Arzneimitteln (Ginsengwurzel, Wacholder, Phytin, Atophan, Chinin u.a.) hergestellt. Auf diese Weise wird in der Praxis Honig gewonnen, dessen Wirkung jener des eingesetzten Arzneimittels entspricht: antispastisch, beruhigend, laxativ, diuretisch u.a. Es existiert ein Honig mit antirheumatischen und herzstärkenden Eigenschaften, der bei der Behandlung von Herzneurosen, Rhythmusstörungen, Kardiosklerosen u.a. Anwendung findet. Es wurde festgestellt, daß der sogenannte »Expreßhonig« auch antibiotische Eigenschaften besitzt, was davon herrührt, daß ein Teil der Antibiotika von den Pflanzen stammt und die anderen von den Speichelsekreten der Arbeitsbienen.

Gewinnung und Aufbewahrung

Heutzutage wird der Honig durch Zentrifugieren von den Waben gewonnen.
Von besonders wesentlicher Bedeutung für die Erhaltung der Nähr- und Heileigenschaften des Honigs ist seine Aufbewahrung. Bei günstigen Bedingungen aufbewahrter Honig bewahrt für sehr lange Zeit

seine Eigenschaften. Um seiner Fermentierung vorzubeugen, muß der Honig in trockenen, gut gelüfteten Räumen bei Temperaturen unter 10 °C aufbewahrt werden. Wenn der Honig als Heilmittel angewandt werden soll, muß er zur Erhaltung der biologisch aktiven Enzyme bei Temperaturen von –15 °C ohne Einwirkung von Sonnen- oder Neonbeleuchtung aufbewahrt werden.
Bei der Abpackung des Honigs ist es empfehlenswert, daß er im Wasserbad (bis 55 °C) zerlassen wird. Bei dieser Temperatur werden seine Heileigenschaften nicht beeinträchtigt, da die Fermente, Vitamine und antibiotischen Stoffe nicht vernichtet werden. In verflüssigtem Zustand läßt er sich besser anwenden, und auch der Geschmack ist besser.
Am besten zur Aufbewahrung sind die den Säuren gegenüber neutralen Stoffe wie Glas, Plasten oder Emaile. Die durchsichtigen Gefäße sollten gefärbt oder in Papier eingewickelt sein oder in dunklen Räumen aufbewahrt werden.

Chemische Zusammensetzung

Seiner chemischen Zusammensetzung nach ist der Bienenhonig ein sehr kompliziertes Produkt – er enthält mehr als 100 verschiedene Stoffe. Den Hauptbestandteil (75%) aller Honigarten bilden die Kohlenwasserstoffe in Form von einfachen Monosacchariden (Glykose und Fruktose u.a.) und von Polysacchariden (Saccharose u.a.). Der Zuckergehalt der einzelnen Zuckerarten ist in den verschiedenen Honigarten verschieden. Außerdem sind im Laufe der Zeit die Kohlenwasserstoffe einem ständigen Abbau durch Enzyme ausgesetzt, darum wird auch angenommen, daß der Honig »eine lebende Materie« ist.
Der Wassergehalt des Honigs beträgt 15–23%. Der Honig enthält folgende Mineralstoffe: Calzium, Natrium, Phosphor, Eisen, Chlor, Schwefel, Jod u.a. sowie folgende Mikroelemente: Mangan, Silizium, Aluminium, Tellur, Cobalt u.a.
Der Bienenhonig enthält eine Reihe von Fermenten: Oxydase, Reduktase, Diastase, Phosphatase, Invertase, Katalase u.a., die in den Speicheldrüsen der Bienen gebildet werden. Ihr Vorhandensein im Honig zeugt davon, daß der Honig natürlich ist und nicht gefälscht.
Die Eiweiß- und Stickstoffsubstanzen (0,3–0,5%) sind in geringen Mengen vertreten, sind aber von großer Bedeutung besonders für den Organismus der Kinder. Ihr Gehalt hängt von der Pollenmenge

und anderen organischen Stoffen ab, die beim Sammeln in den Honig geraten sind.
Im Honig sind folgende Vitamine festgestellt worden: Vitamin »B1«, Vitamin »B2«, Vitamin »B3«, Vitamin »B5«, Vitamin »B6«, Vitamin »C«, Vitamin »K« u.a.
Das Vorhandensein von Flavonoiden (0,1%) im Honig ist von großer Bedeutung. Ihre Menge schwankt in Abhängigkeit von der Pollenmenge, die sich durch einen reichhaltigen Gehalt an Flavonoiden auszeichnet. Letztere beeinflussen die Durchlässigkeitsprozesse der Kapillaren, ihre Brüchigkeit, und sie besitzen spasmolytische, koronarerweiternde, antientzündungs- und regenerative Eigenschaften.
Die organischen Säuren sind durch Apfelsäure, Milchsäure, Oxalsäure, Zitronensäure, Weinsäure u.a. vertreten.
Die Farbstoffe, die ätherischen Öle, die antibiotischen Stoffe und die Biostimulatoren stammen sowohl von den Pflanzen als auch von den Bienen.
Obwohl viele der biologisch aktiven Stoffe in geringen Mengen im Honig vorkommen, ist dennoch ihre längere andauernde Einnahme mit dem Honig für den gesunden Menschen von prophylaktischer Bedeutung sowie für die Genesungsprozesse bei Kranken wichtig.
Besonders wichtig ist der Umstand, daß die Heilbestandteile des Honigs natural sind und in günstiger Kombination auftreten.

Biologische Wirkung

Der Honig kann gleichzeitig als Nahrung und als Heilmittel betrachtet werden. Wie die Nahrung enthält er Aufbau- und energiereiche Stoffe. Außerdem enthält er auch viele heilend wirkende Bestandteile. Letztere wirken wie Arzneimittel auf die Gesundheitsprozesse des Organismus. Obwohl diese Wirkung schwächer ist, erreicht sie ihren Zweck durch längere Anwendung. Der Honig steht gleichzeitig mit der natürlichen Entwicklung im Einklang, das heißt, er ist weit physiologischer als die manchmal grobe Wirkung der Arzneimittel auf die biochemischen Prozesse im Organismus. Aus diesem Grunde wurde seit ältesten Zeiten der Honig nicht nur als Nahrungsmittel, sondern auch als Heil- und prophylaktisches Mittel geschätzt.
Die Heilwirkung des Honigs beruht einerseits auf den einzelnen Bestandteilen (verschiedene Zuckerarten, Mikroelemente, Vitamine, Antibiotika, Fermente u.a.) und andererseits auf deren komplexen Einfluß auf den Organismus.

Die im Honig enthaltenen Trauben- und Fruchtzucker benötigen als einfache Saccharide keinen vorläufigen Fermentabbau, um vom Organismus angeeignet zu werden. Dieser Prozeß wird bereits von den Bienen durchgeführt, die die komplizierten Saccharide des Nektars in einfache verwandeln und dadurch ihre Anwendung durch den Menschen erleichtern. Die ins Blut gelangten Saccharide bilden den grundlegenden energieliefernden Stoff für die Muskeln, bzw. das Herz und das Nervensystem. Beim Sinken des Zuckergehaltes im Blut nimmt sowohl die geistige als auch physische Arbeitsfähigkeit ab.
Die im Honig enthaltenen Fermente erleichtern die Resorption der übrigen Nahrungsmittel. Ihr völliges Verbrennen befreit die Nieren von einer zusätzlichen Tätigkeit. Auf diese Weise werden die Nieren geschont. Dies führt zur Verbesserung der ausscheidenden Funktion der Nieren, was seinerseits wiederum zur leichteren Ausscheidung der Abfallprodukte vom Organismus führt.
Die Honigzucker haben einen bedeutenden Vorteil vor dem fabrikmäßig hergestellten Zucker. Letzterer muß zur Aneignung vom Organismus unter Einfluß von Fermenten abgebaut werden, was oft zu einer Überlastung der Fermentsysteme des Organismus führt. Der auf dem Markt angebotene Zucker reizt die Magenschleimhaut und kann zu Entzündungen führen. Beim Gebrauch von größeren Mengen kommt es zur Steigerung des Cholesteringehaltes im Blut, werden die Koronargefäße geschädigt und es kommt zu Fettleibigkeit.
Die Honigzucker in Kombination mit den Fermenten, Vitaminen, Mineralstoffen und den organischen Stoffen machen aus dem Honig ein wertvolleres Mittel als die medikamentöse Glykose.
Die Glykose des Honigs erhöht die Menge des Glykogens in der Leber und fördert auf diese Weise die Stoffwechselprozesse und die detoxidierende Funktion der Leber. Die im Honig enthaltenen Vitamine beeinflussen die Zwischenprozesse des Stoffwechsels und unterstützen die Drüsen mit innerer Sekretion. Auf diese Weise kräftigt der Honig die Aufbauprozesse (anabole Prozesse) im Organismus, verbessert die Gewebetrophik und gleicht den Vitaminmangel aus.
Die mit dem Honig eingeführten Mineralstoffe führen zu einer Alkalisierung der inneren Teile des Organismus; dies erleichtert die Befreiung des Organismus von den Stoffwechselprodukten, die sauer reagieren.
Die Fermente des Honigs fördern die Ernährungsprozesse im Organismus, indem sie die sekretorische Tätigkeit des Verdauungstraktes stimulieren, wodurch sie die Aneignung der Nahrung erleichtern. Außerdem werden mit dem Honig auch Fermente eingeführt, die aus

den Speicheldrüsen der Bienen stammen, was zusätzlich zur Verbesserung der Verdauung führt.
Die im Honig enthaltenen ätherischen und harzigen Stoffe üben auf den Organismus eine leicht erregende Wirkung aus, besonders auf den Kreislauf und das Nervensystem.
Es wurde festgestellt, daß der Bienenhonig Schutzeigenschaften (immunobiologische Eigenschaften) besitzt, was die Widerstandsfähigkeit des Organismus erhöht. Er erhöht die phagozytischen Fähigkeiten der weißen Blutkörperchen, das Hämoglobin und die Anzahl der Erythrozyten im Blut. Diese Eigenschaften sind von der modernen und der Volksmedizin bestätigt: Menschen, die in ihrem Leben regelmäßig Honig genossen haben, sind widerstandsfähiger gegenüber den verschiedenen Infektionen und ungünstigen Verhältnissen.
Der Honig in geringen Mengen besitzt antiallergische Eigenschaften. Dies ist sowohl klinisch an Kranken als auch experimentell an Versuchstieren festgestellt worden. Größere Dosen Honig aber führen zur Allergisierung des Organismus der Versuchstiere. Dies muß in der medizinischen Praxis streng berücksichtigt werden.
Der Volksmedizin ist bereits seit langem die antimikrobielle und Antifäulniswirkung des Honigs bekannt. Die derzeitigen experimentellen Beobachtungen führten zu der Erkenntnis, daß die antimikrobiellen Eigenschaften nicht durch den hohen Zuckergehalt bedingt sind, sondern von speziellen antibiotischen Stoffen, die sowohl von den Pflanzen als auch von den Bienen stammen. Die Hypopharyngialdrüsen der Bienen sondern das Enzym Glykoseoxydase ab, wodurch der Enzymabbau der Glykose hervorgerufen wird, wobei Glykonsäure und Wasserstoffperoxid »in statu nascendi« erhalten wird. Dasselbe wirkt zusammen mit anderen Stoffen (noch nicht ausreichend erforscht) inhibierend auf die Bakterien: Staphylococcus aureus, Streptococcus pyogenes, Pseudomonas erugenosa, Escherichia coli, Proteus vulgaris u.a.
Auf einen Wundprozeß aufgelegter Honig führt zu Blutandrang und Lymphenandrang dank seiner hygroskopischen Eigenschaften und seiner Fähigkeit, die Gewebe osmotisch und chemisch durch die Säuren, die er enthält, zu reizen. Zu dieser mechanischen Reinigungswirkung muß auch seine antibiotische Wirkung hinzugefügt werden. Die im Honig enthaltenen Flavonoiden fördern die regenerativen Fähigkeiten der Zellen. Diese Eigenschaften des Honigs sind infolge der geringen Konzentration, die die Flavonoide und Antibiotika im Blut erreichen, bei innerer Einnahme nur dann wirkungsvoll, wenn der Honig direkt in Berührung mit dem Wund- oder Eiterprozeß tritt, z.B.

oral bei Magengeschwüren, durch Einatmen bei Entzündung der Luftwege, kutan bei Wunden usw.
Die antibiotischen Eigenschaften, verschieden und spezifisch für die verschiedenen Honigarten, hängen von den Aufbewahrungsbedingungen ab: Wärme, Licht (sogar Neonbeleuchtung) inaktivieren sie.

Anwendungsmethoden

a) Innere Anwendung

Die Anwendung des Bienenhonigs findet hauptsächlich durch Einnahme von Nektar-, Mehltau- oder Expreßhonig statt. Es bestehen auch Honigpräparate in Pulverform, die durch Zentrifugierung und Vakuumverdampfung des Wassers erhalten werden.
Bei der inneren Aufnahme des Honigs muß er eine Zeitlang im Mund zurückgehalten werden, damit ein Kontakt mit der Schleimhaut des Mundes entsteht, wodurch eine direkte Wirkung erzielt wird. Die durchschnittliche tägliche Dosis variiert in Abhängigkeit vom Wesen des Leidens, beträgt im allgemeinen jedoch 100–140 g, die dreimal vor dem Essen eingenommen wird. Bei Kindern wird täglich 1 g Honig je Gewichtskilogramm empfohlen. Behandlungsdauer $1\frac{1}{2}$–2 Monate, nach einer Pause kann eine zweite Behandlung durchgeführt werden.

b) Äußere Anwendung

Hierbei wird der Honig lokal angewandt, und zwar in Form von:
Lokale Applikationen in der Nase: Kristallhonig in der Größe einer Bohne wird in beide Nasenlöcher eingeführt. Dies geschieht im Liegen und mit zurückgelehntem Kopf. Wenn der Honig einen Reiz ausübt, kann Anästhesin hinzugefügt werden.
Lokale Vaginalapplikationen: Es werden entweder Tampons verwendet oder Spülungen durchgeführt. Kristallhonig in der Größe einer Nuß wird in Mull eingewickelt, wobei das Ende des Mulls draußen bleibt, damit nach 4–5 Stunden der Tampon herausgezogen werden kann. Die Vaginalspülungen werden mit 30%iger Wasserlösung von Nektarhonig nach den üblichen Verfahrensweisen durchgeführt.
Auch äußerlich wird der Honig im Form von Einreibungen, Kompressen und Honigwannen angewendet. In einer Wanne werden 4–6 Löffel Honig bei einer Wassertemperatur von 37 °C gelöst. Die Prozedur dauert 20–30 Minuten. Täglich werden eine oder zwei Anwendungen durchgeführt.

c) Physiotherapeutische Anwendung

Inhalationen mit Honig finden Anwendung bei der Behandlung von Erkrankungen der Atemwege. Es werden drei Verfahrensarten angewandt:

Durch Aerosol aus einem Kompressor, wobei die pulverisierte Wasserlösung des Honigs vornehmlich auf die oberen Atemwege (Nasenkatarrh, Sinusiten, Pharyngite, Kehlkopfentzündungen, Luftröhrenkatarrhen, u.a.) wirkt.

Durch aus einem Ultraschallapparat erhaltenes Aerosol, wobei die Pulverisierung feiner ist, d.h. die Teilchen so klein sind, daß sie in die unteren Atemwege gelangen können, Anwendung bei Bronchialkatarrhen, Bronchialasthma, Bronchialerweiterungen u.a.

Durch Dampfinhalationen mit Honig unter häuslichen Bedingungen. Ihre Wirkung ist geringer, denn die Temperatur inaktiviert einen Teil der Bestandteile des Honigs (s. physiotherapeutische Methoden).

Eine erforderliche Voraussetzung bei der Lokalanwendung von Honiginhalationen ist die vorläufige Prüfung seiner antibiotischen Eigenschaften, damit festgestellt werden kann, ob er für die Mikroflora einer bestimmten Erkrankung geeignet ist.

Elektrophorese mit Honig: Der Honig wird mit Hilfe von galvanischem oder Impulsstrom in die Gewebe eingeführt. Zur Anwendung kommt eine 30%ige Wasserlösung, wobei die aktiven Bestandteile von beiden Polen aus eingeführt werden. Angewandt wird gleichfalls auch die direkte und indirekte Hohlraummethodik (s. physiotherapeutische Methoden).

Indikationen und Kontraindikationen

Aufgrund seiner antiseptischen, regenerativen, expektorierenden, sedativen, hämatopoetischen, dynamogenen, herzstärkenden, antiallergischen und immunobiologischen Eigenschaften ist der Bienenhonig bei folgenden Erkrankungen angezeigt: Magen-Darm-Erkrankungen (Gastritis, Magen- oder Darmgeschwüre, Stuhlverstopfung u.a.), Atemleiden (Schnupfen, Sinusitis, Kehlkopfentzündung), Herz- und Kreislaufstörung (Arythmie, Stenokardie, Hypertonie, Hypotonie, Herzneurosen), gynäkologische Erkrankungen (Erosion des Gebärmutterhalses, Kolpitis), Neurosen, bei der Diät an Nieren- und Leberkranken u.a.

Die einzige Gegenanzeige ist die selten anzutreffende Unverträglichkeit von Honig bei Kranken, deren Zuckeraufnahme eingeschränkt ist (Diabetes). Die Diabetiker können kleine Mengen (25–30 g täglich) unter Laborkontrolle des Blutzuckers einnehmen.

Auswahl des Honigs zur Honigtherapie

Der Honig ist als eines der ältesten bekannten Nahrungsprodukte anerkannt, dem gleichzeitig von der Volksmedizin prophylaktische Heileigenschaften zugeschrieben werden. Der Erfolg der Behandlung hängt aber von der richtigen Wahl der Honigart für eine entsprechende Erkrankung ab.
Es ist bekannt, daß der Honig die Heileigenschaften der Pflanzen enthält, von denen er stammt. In letzter Zeit ist eine Methode endeckt worden, um den Flug der Bienen zu lenken, um dadurch Nektar von einer bestimmten Pflanzenart zu erhalten. Dies wird dadurch erreicht, daß die Bienen vorläufig mit Sirup ernährt werden, der das Aroma der entsprechenden Blüten besitzt. Auf diese Weise können spezielle Heilarten (nach Rezept) von Honig erzeugt werden.
Da auch Honig mit schwachen oder gar keinen antimikrobiellen Eigenschaften vorkommt, ist es erforderlich, dort, wo es auf die antibiotische Wirkung des Honigs ankommt, vorläufig denselben in bezug auf seine antimikrobiellen Eigenschaften zu prüfen. Wenn es darum geht, gramnegative Bakterien zu behandeln, sind der Kastanien-, Lindenblüten- oder Berghonig am geeignetsten. Bei grampositiven Bakterien ist der Thymian-, Obst-, Lindenblütenhonig und der Honig von Heideblüten am günstigsten. Von den verschiedenen Arten untersuchten Honigs wird individuell jener vorgeschrieben, dessen bakteriologische und allergologische Eigenschaften sich bei der Prüfung am geeignetsten erweisen.
Bei gynäkologischen Erkrankungen insbesondere bei Trichomonalkolpitis sind der Thymian-, der Weide- und der Heidehonig zu empfehlen.
Für Anämiekranke wird Honig mit höherem Gehalt an Mikroelementen empfohlen: Mehltau-, Kiefernhonig u.a.
Bei hypovitaminösen Zuständen empfielt sich: Pfefferminz- oder Expreß-Möhrenhonig u.a.
Bei Nerven-, Herz- und Kreislauferkrankungen ist der Honig mit hohem Gehalt an ätherischen Ölen angebracht: Lavendel-, Berg-, Baldrianhonig u.a.
Bei Erkrankungen des Verdauungssystems: Kastanien-, Frucht-, Wiesen- und Heidekrauthonig.

Erst in den letzten Jahren begann die Anwendung von Bienenpollen mit prophylaktischem, therapeutischem und nahrungsdiätischem Zweck. Der Pollen ist pflanzlichen Ursprungs und stellt die männlichen Keimzellen der Pflanze dar, d.h., er ist das männliche Element bei der Reproduktion der künftigen Pflanze.
Die Bienen sammeln den Pollen von den Blüten der Pflanzen, wobei sie gleichzeitig auch zur Bestäubung beitragen. Zum schnellen Sammeln der Pollen dienen die Bürstchen an den Hinterbeinen der Bienen. Den Pollen befeuchten anschließend die Bienen mit Nektar und Speichel und verwandeln ihn in kleine Kugeln von 5–7 mg *(s. Abb. 13)*, die sie mit den Körbchen an ihren Beinen in den Bienenstock tragen. Hier übergeben sie ihn anderen Bienen-»Abnehmerinnen«, die ihn in spezielle Zellen lagern, wo sie ihn mit ihren Köpfchen stoßen, bespeicheln und trocknen lassen. Abschließend konservieren sie ihn in Honig. Nachdem der Pollen zahlreiche Verwandlungen durchmacht, verwandelt er sich in Bienenbrot.
Jährlich sammeln die Bienen eines leistungsfähigen Bienenstockes 25–30 kg Pollen. Von dieser Menge kann, ohne daß das Bienenvolk beeinträchtigt wird, 10–30% entnommen werden.
Der Pollen ist von großer Bedeutung für das Leben und die Entwicklung des Bienenvolkes. Er sichert den Bienen den nötigen Eiweißstoff für den Aufbau, während als Energiequelle die Kohlenhydrate des Honigs dienen.
Der Mangel an Pollen erschöpft die ernährenden Bienen und sie hören auf, Futtersaft zu sekretieren, dadurch wird die Vermehrung und Erneuerung des Bienenvolkes beeinträchtigt.
Fundamentale und weitere Untersuchungen an den Heil- und Nähreigenschaften der Pollen wurden von R. Chauvin, A. Caillas, P. Lavy (Frankreich), A. Ciplja, N. Nikolau (Rumänien), A. Monterde (Spanien), R. Chemberes (Australien), B. Talpey (Deutschland) u.a. durchgeführt. Allerdings stehen noch viele Fragen im Zusammenhang mit der chemischen Zusammensetzung und der biologischen Wirkung des Pollens offen.

Gewinnung und Aufbewahrung

Den meisten Pollen sammeln die Bienen in den Monaten April, Mai und Juni, wobei in dieser Periode das Bienenvolk den meisten Verbrauch von Pollen zur Ernährung der Larven verbraucht. Trotzdem

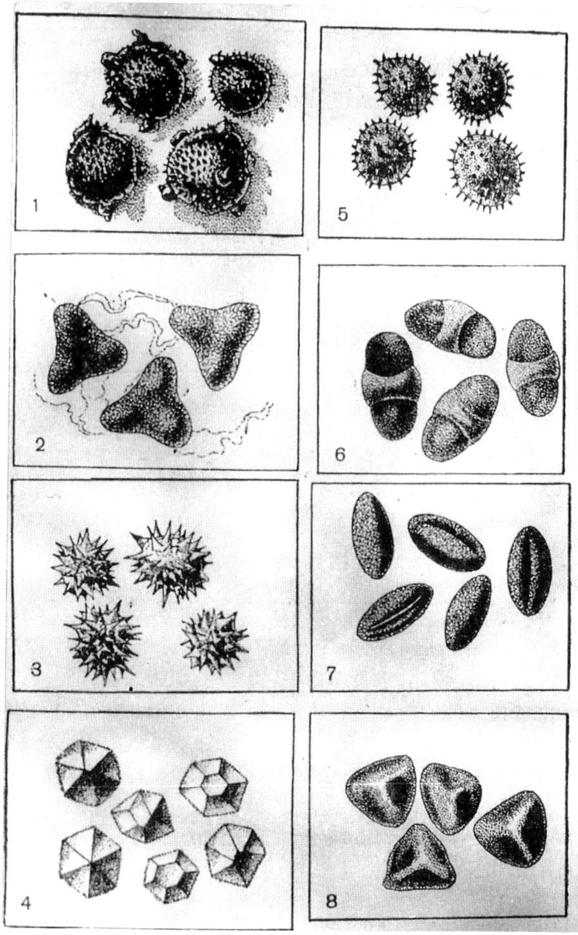

Abb. 13: Pollenkörner. 1. Zucchettifrucht (Cucurbita giromontia) 2. Rhododendron (Rhododendron ponticum L.) 3. Weiße Wucherblume (Crysanthemum sp.). 4. Löwenzahn (Taraxacum officinalis L.) 5. Wilde Malve (Malva neclegta Wallr.) 6. Weißkiefer (Pinus silvestris L.) 7. Lilie (Lilium) 8. Brunnenkresse (Nasturtium R. Br.).

wirkt sich die Entnahme des Pollens in diesem Zeitraum nicht ungünstig auf die starken und mittelstarken Bienenvölker aus. Bei schlechtem Wetter und ärmlichen Heide- und Wiesenverhältnissen darf nur von den starken Völkern Pollen entnommen werden. Es erweist sich sogar als erforderlich, bei ungünstigen Verhältnissen auch

die starken Völker zusätzlich mit Zuckersirup zu ernähren, damit das Eierlegen der Königin nicht unterbrochen wird und die Entwicklung der Bienen leidet.
Die Gewinnung des Pollens erfolgt mit Hilfe einer speziellen Auffangvorrichtung. Dieselbe wird vor dem Flugloch aufgestellt. Es handelt sich dabei um eine Schachtel an deren Seitenwänden Öffnungen (4,1 oder 4,2 mm) angebracht sind. Auf dem Boden der Schachtel befindet sich ein Gefäß, in dem die von den Körbchen der Bienen abfallenden Pollen gesammelt werden. Die Ausmaße der Öffnungen entsprechen der Größe der Biene. Dieselben leiden keinen Schaden beim Durchschlüpfen und dabei fällt gleichzeitig eine maximale Menge an Pollen ab. Die Pollenfangvorrichtung wird zwischen 11 und 14 Uhr entfernt, wenn die Drohnen und die jungen Bienen ausfliegen. Die Drohnen sind zu groß, um durch die Öffnungen zu schlüpfen und die jungen können als noch zu unerfahren Schaden leiden.
Der frische Pollen enthält 25% Wasser und ist einem raschen Verderben (Verschimmelung) ausgesetzt. Wenn er nicht bald getrocknet wird, wird er untauglich. Aus diesem Grunde ist eine rasche Herabsetzung der Feuchtigkeit erforderlich, und zwar bis zu 8–10%. Unter häuslichen Bedingungen wird dies wie folgt erreicht: Kleine Mengen von Pollen (5–10 kg) werden nach vorläufigem Abwiegen, um durch den nachträglichen Gewichtsverlust den Trocknungsgrad feststellen zu können, auf weißen Papierblättern ausgebreitet. Es ist nicht empfehlenswert, zu diesem Zweck Zeitungspapier zu gebrauchen, denn der Pollen nimmt den Geruch der Druckfarbe in sich auf und wird außerdem auch grau. Die Raumtemperatur muß 20–25 °C betragen. Am ersten Tag bleibt der Pollen unbedeckt, danach wird er aber mit einem gleichfalls weißen Blatt Papier zugedeckt, um nicht staubig zu werden. Alle zwei, drei Stunden wird er mit einem Holzlöffel gerührt. Innerhalb von 2–4 Tagen sinkt die Feuchtigkeit um nun 8–10%. Dies wird durch nachträgliches Abwiegen festgestellt. Erforderlich ist eine Verminderung des Pollengewichtes um 20–30%. Das Trocknen kann auch mit Hilfe eines Haartrockners durchgeführt werden.
Das Trocknen von Pollen in großen Mengen erfolgt in speziellen Trockenkammern. Hier trocknen 1000 kg Pollen innerhalb von 10 bis 12 Stunden. Es werden Kalorifer oder Quellen ultraroter Strahlen benutzt, die eine Temperatur von 37–42 °C unterhalten. Sonnenlicht darf aber keinen Zutritt haben.
Nach dem gleichmäßigen und richtigen Trocknen kommt der Pollen in hermetisch verschlossene Gefäße oder in vakuumisierte Plastik-

tüten und wird bei 4 °C aufbewahrt. Das Abpacken kann in Kohlendioxydmilieu erfolgen und die Behälter bei Raumtemperatur aufbewahrt werden. Es wird angenommen, daß sogar auch bei richtiger Aufbewahrung der Pollen nach 4–6 Monaten 20–30% seiner Heileigenschaften einbüßt, nach einem Jahr 40–50%, und nach 2 Jahren stellt er überhaupt keinen Wert mehr dar.
Die größte Menge aktiver Stoffe enthält der frisch gesammelte Pollen. Seine biologische Aktivität ist weit größer als nach einer gewissen Aufbewahrungszeit. Bei Aufbewahrung von trockenem Pollen bei Raumtemperatur und Zutritt von Sauerstoff verringert sich der quantitative Gehalt an Aminosäuren wie folgt: des Lysins und Arginins um ca. 40–50%, des Histidins, des Methionins und Phenylalanins um 33%. Die Geschwindigkeit der Zerstörung hängt von den Bedingungen ab: Temperatur, Feuchtigkeit, Zutritt von Sauerstoff und Licht. Der Verlust der biologisch aktiven Stoffe hängt gleichfalls von der Pflanzenart ab, von der der Pollen gesammelt worden ist. So z.B. sind die Verluste an Askorbinsäure bei 9monatiger Aufbewahrung 10% für die Weichsel und 62% für die Äpfel.

Chemische Zusammensetzung

Die wertvollen Nähr- und Heileigenschaften des Bienenpollens für den Organismus beruhen auf reichem Gehalt an lebenswichtigen Stoffen. Von den verschiedenen Pflanzen wird auch in gewissem Maße verschiedener Pollen erhalten.
Der Pollen enthält:
Eiweißstoffe (22–40%), darunter auch die Aminosäuren: Valin, Tryptophan, Phenylalanin, Lysin, Methionin, Leuzin, Isoleuzin, Threonin, Histidin, Arginin, Glutamin und Asparaginsäuren u.a.
Saccharide in der Form von Nektarkohlenwasserstoff (30–60%).
Vitamine, darunter Vitamin B1 (Thyamin), Vitamin B2 (Riboflavin), Vitamin B5 (Nikotinsäure), Vitamin B6 (Piridoxin), Pantothensäure, Biotin, Folsäure, Vitamin C (Askorbinsäure), Vitamin E, Provitamin A (das sich im Organismus zu Vitamin A verwandelt). Vitamin P (Rutin) erreicht im Pollen bis 17%, es erhöht die Resistenz der Kapillaren.
Fermente – die sowohl von den Pflanzen, als auch von den Speicheldrüsen und vom Chylusmagen der Bienen stammen: Amylase, Invertase, Katalase, Phosphatase, u.a., die zur Katalysierung der verschiedenen chemischen Prozesse im Organismus dienen.

Antibiotische Stoffe stammen von den Pflanzen und von den Bienen.
Biologisch aktive Stoffe: Flavonoide, Nuklein- und Ribonukleinsäure, Leukoantozyane, Chlorogen und Triterpensäure u.a.
Mineralstoffe und Mikroelemente: Kalium, Chlor, Eisen, Kupfer, Phosphor, Barium, Vanadium, Wolfram, Iridium, Cadmium u.a.
Lipide, aromatische und Pigmentstoffe u.a.

Biologische Wirkung

Die wertvollen Nähr- und Heileigenschaften des Pollens für den Organismus sind vom Gehalt lebenswichtiger Stoffe bedingt. Die in dem Pollen enthaltenen Proteine übertreffen den Gehalt der Proteine in den Samen und Körnern der Getreidekulturen. Dasselbe gilt auch für die Aminosäuren. In ein und demselben Gewicht enthält der Pollen gegenüber dem Rindfleisch 5mal mehr Isoleuzin, Leuzin und Methionin, 6,5mal mehr Phenylalanin und Tryptophan und 3mal mehr als der Käse. Das will besagen, daß, wenn keine anderen Nahrungsmittel mit Gehalt an Aminosäuren vorhanden wären, eine Dosis von 15 g Pollen den täglichen Bedarf des Organismus decken könnte.
Der Bienenpollen besitzt dank der Mannigfaltigkeit seiner Bestandteile großen Nährwert – mit ihm kann kein anderes natürliches Produkt rivalisieren. Der Pollen muß als ein »medikamentöses Konzentrat« wegen der großen Menge von Fermenten, Vitaminen, Mikroelementen, Flavonoiden, antibiotischen Stoffen u.a. – alle natürlichen Ursprungs – betrachtet werden. Wesentlich dabei ist, daß alle diese Stoffe in einem günstigen Verhältnis zueinander vereinigt sind.
Der biologische Wert des Pollens hängt von der Art der Pflanze ab, von der er stammt. So ist die Familie der Salikazeen durch einen erhöhten Gehalt an Askorbinsäure, Karotinen, Chlorogen- und Triterpensäuren gekennzeichnet.
Einer der wichtigsten Indikatoren für die biologische Aktivität des Pollens ist das Betakarotin. Am meisten im Mohn-, Weichsel-, Birnen-, und Apfelpollen enthalten. Hoch ist der Gehalt an Flavonoiden in der Birne, der Luzerne und der Weide. Wie bekannt, besitzen sie eine regenerative, antisklerotische, spasmolytische und radioschützende Wirkung. Sie senken das Cholesterin im Blut. Aus diesem Grunde ist der Pollen für die Prophylaxe und Behandlung der Atherosklerose und Zustände in Verbindung mit Krämpfen der glatten Muskulatur der Därme, des Magens und der Gefäße sehr günstig.
Im Pollen der Kornblume wurde hoher Gehalt an Leukoantozyane

beobachtet, denen kapillarfestigende und Antientzündungseigenschaften eigen sind.
Hoch ist der Gehalt an Chlorogensäuren im Pollen der Weide und der Weichsel. Diese Säuren wirken gleichfalls kapillarfestigend und antientzündend, beeinflussen aber auch die Synthese der Gallensäuren, sowie die Tätigkeit der Nieren. Sie regeln auch die Schilddrüsentätigkeit.
Der Blütenpollen vieler Arten (darunter auch der Himbeere) ist reich an Triterpensäuren. Die Antientzündungs-, herzstärkende und antisklerotische Wirkung einiger Honigpflanzen kann durch das Vorhandensein von Urosol- und anderen Triterpensäuren erklärt werden.
Der Gehalt an biologisch aktiven Stoffen im Blütenstaub hängt von den Artenbesonderheiten der Pflanze ab. Folglich muß bei einer gelenkten Anwendung des Pollens, sei es zu Heil- oder diätetischen Zwecken, strikt den biochemischen Charakteristiken der Pollenbestandteile Rechnung getragen werden. Deshalb wird in manchen Ländern eine vorläufige Sortierung vorgenommen mit dem Zweck, mono- oder fast monofloren Pollen zu erhalten. Eine ähnliche Sortierung führen die Bienen auch selbst durch. Im Zeitraum des Massenblühens großer Gebiete von Honigpflanzen in der Nähe des Bienenstandes sammeln die Bienen den größten Teil des Blütenstaubes von ein und derselben Pflanzenart. Die Bienen besitzen eine natürliche Vorliebe für monofloren Blütenstaub.
Bei dem Pollen ist die anabole Wirkung (Aufbauwirkung) stark ausgeprägt. R. Chauvin (1957) schließt unter experimentellen Bedingungen ins Futter von Versuchstieren im Laufe von zwei Jahren Pollen ein. Als Ergebnis seiner Beobachtungen stellt er fest, daß die Tiere sich schneller entwickeln und außerdem schneller an Gewicht zunehmen und größer werden. Parallel dazu reifen sie auch geschlechtlich schneller und ihre Produktion ist größer. Chauvin führt auch einen 30tägigen Versuch mit Mäusen auf der Basis der Isoersetzbarkeit normkalorischer Nahrung durch und stellt dabei fest, daß der Pollen eine biostimulierende Wirkung ausübt, die sich in der Stimulierung des Wachstums und des Stoffwechsels äußert, ohne jedwede Nebenerscheinungen.
In Bure sur Ivette führten französische Wissenschaftler einen Versuch im Laufe von 6 Monaten durch, wobei die Versuchstiere ausschließlich mit Pollen ernährt wurden. Die Folge davon war ein ausgezeichneter Zustand der Tiere. Dabei wurde festgestellt, daß die anabolische Wirkung des Pollens nicht nur auf den hohen Kalorienreichtum

des Pollens zurückzuführen ist, sondern auch auf einen Komplex wertvoller biologischer Stoffe – »Beschleuniger des Wachstums«. Allem Anschein nach handelt es sich hierbei um stimulierende Faktoren, denn bei der isoersetzten Nahrung wiesen die Versuchstiere im Vergleich mit den Kontrolltieren größeres Gewicht und größere Ausmaße auf. Außerdem zeugen die beschleunigte Geschlechtsreife und die größere Produktivität davon, daß die Pollen als männliche Geschlechtszellen, wenn auch pflanzlicher Natur, einen gewissen Einfluß auf das Endokrinium der Tiere ausüben.

Bei einem Versuch an weißen Mäusen stellten rumänische Autoren fest, daß der Pollen die Anzahl der roten Blutzellen um 10–15% im Blut erhöht. Diese Tatsache ist ein Zeugnis für die biostimulierende Wirkung auf die Blutbildung. Dies ist besonders charakteristisch bei Kindern.

Der Bienenpollen reguliert die Tätigkeit des Magen-Darm-Traktes. Die in den Pollen enthaltenen Fermente (Amylase, Katalase u.a.) regen die Magensekretion an und tragen gleichzeitig zur Normalisierung der Peristaltik der Därme bei. Dadurch wird ein effektiver Nahrungstransport gesichert. Außerdem weist das in den Pollen festgestellte Antibiotikum eine bedeutende Aktivität gegenüber der pathogenen Darmflora auf – ein wichtiger Moment bei Behandlung der Darmdisbakteriose.

Der Bienenpollen besitzt antitoxische Wirkung. Versuchstiere wurden Vergiftungen mit Kohlenstofftetrachlorid ausgesetzt. Die Einnahme von Pollen führt zu einer allgemeinen antitoxischen Wirkung bei gut ausgeprägtem protektivem Effekt auf die Leber.

Dank des bedeutenden Gehaltes an Vitaminen, Aminosäuren u.a. wirkt der Pollen tonisierend und allgemein stimulierend auf den Organismus. Er übt eine normalisierende Wirkung auf das Nervensystem aus.

Anwendungsmethoden

Die Aufbewahrung des Pollens muß in gut verschlossenen Gefäßen und in trockenen Räumen erfolgen. Feuchtigkeit führt zu Verschimmelung, so daß der Pollen unmerklich für den Menschen sogar schädlich werden kann.

Der Pollen wird peroral verabfolgt. In natürlichem Zustand beträgt die Dosis für Erwachsene 30–40 g täglich, die dreimal vor dem Essen eingenommen werden. Zu prophylaktischen Zwecken werden täg-

lich 15–20 g eingenommen. Kindern von 6–12 Jahren werden 10–15 g täglich empfohlen und für 3–5jährige Kinder jeweils 5–10 g dreimal täglich auf leerem Magen.
(Ein Teelöffel faßt 5 g Pollen, ein Dessertlöffel 10 g und ein Suppenlöffel 15 g.)
Der Pollen wird regelmäßig im Laufe von bestimmten Behandlungskursen eingenommen. Am geeignetsten sind zwei dreimonatige Kurse: der erste gegen Ende des Winters und Anfang des Frühlings und der zweite gegen Sommerende und Anfang Herbst. Falls notwendig, können isolierte Kurse hinzugefügt werden, jedoch dürfen sie nicht kürzer sein als 1½–2 Monate.
Bei Einnahme muß der Pollen gut zerkaut oder vorher gemahlen werden.
Die Pollen können in Kombination mit Honig im Verhältnis 1:1 oder 1:2 eingenommen werden.

Indikationen und Kontraindikationen

Wegen seines großen Reichtums an Vitaminen, Mikroelementen und anderen biologisch aktiven Stoffen findet der Bienenpollen Anwendung als Mittel gegen Asthenien, geistiger und physischer Ermüdung infolge verschiedener Erkrankungen, Überlastungen und Erschöpfung, Altersschwäche, Neurasthenien u.a. Der Pollen findet auch Anwendung bei Appetitlosigkeit bei Kindern, verzögertem Wachstum und bei verzögertem Wachstum der Zähne, in der komplexen Therapie der Herz- und Kreislauferkrankungen, als Prophylaxe und Behandlung der Atherosklerose und der daraus folgenden Komplikationen, bei Hypertonie, Kapillarbrüchigkeit, bei Nerven- und physischen Erkrankungen, zur Unterdrückung des Abstinenzsyndroms bei Alkoholismus, bei Vor- und Nachoperationszuständen, bei klimakterischen Störungen, bei Hypertrophie der Prostata, bei Kolitis, Gastritis, bei Stuhlverstopfung, bei Leberkrankheiten, als Stimulator in der Gerontologie, bei Hypotrophien und Anämien von Kindern usw.
Gegenanzeigen der Pollentherapie sind Allergien gegenüber dem Pollen und schwere Schädigungen des Nierenparenchyms.

Weiselfuttersaft

Der Weiselfuttersaft (Gelee royal, Königinnenfuttersaft) gehört zu den Nähr- und Heilbienenprodukten. Er ist ein kompliziertes biologisches Produkt, ein Sekret der Oberkieferdrüsen der »brütenden Bienen«, mit dem sie die Larven der Arbeitsbienen und der Drohnen bis zum dritten Tag und der Weisel bis zum fünften Tag ernähren.
Für die Entwicklung der Weisel aus den gleich befruchteten Eiern spielt der Futtersaft eine entscheidende Rolle. Es besteht ein gewisser Unterschied zwischen dem Futtersaft, den die brütenden Bienen den Larven der Arbeitsbienen, den Drohnen und der Bienenmutter reichen. Dem »aktivierten« Muttersaft fügen die brütenden Bienen in Mikrodosen ein spezielles Sekret hinzu, das Pantothensäure, Nikotinsäure u.a. Stoffe enthält. Unter Einfluß des Weiselfuttersaftes ist die Bienenmutter in der Lage, täglich 1500–2000 Eier zu legen, d.h., das Gewicht der täglich gelegten Eier übertrifft um das zweifache das Eigengewicht der Bienenmutter. Im Laufe einer Saison legt sie 200 000 Eier, deren Gewicht mehrere hundertmal das Gewicht der Bienenmutter übertrifft. Außerdem besitzt sie zum Unterschied zu den Arbeitsbienen einen stark entwickelten Genitalapparat, hohe Reproduktivität und einen sehr intensiven Stoffwechsel. Ihre beschleunigte Entwicklung, ihre Langlebigkeit (sie lebt 5–6 Jahre, während die Arbeitsbienen in der aktiven Periode 30–60 Tage leben), der aktive Stoffwechsel und die hohe Fruchtbarkeit liegen ausschließlich am Weiselfuttersaft.

Gewinnung und Aufbewahrung

Zur Gewinnung von Weiselfuttersaft werden starke Bienenvölker mit vielen jungen Bienen gewählt. In den Bienenstock werden spezielle Zellen zum Züchten von Bienenmüttern gestellt, die auch »Mutterzellen« genannt werden. In denselben befinden sich eintägige Larven. Gleichzeitig damit wird die Bienenmutter vom Bienenstock entfernt. Unter dem Einfluß der Gefahr, ohne Bienenmutter zu bleiben, beginnen die Bienen die »Mutterzellen« beschleunigt mit Futtersaft zu füllen. Das Entnehmen des Futtersaftes erfolgt bei dreitägigem Alter der Larven, wenn er die größte Menge und die beste Qualität erreicht hat. Die Entnahme muß bei größter Reinlichkeit und sehr schnell erfolgen. Das Entnehmen erfolgt mit der Hand mit Hilfe eines Holzes oder Glasspachtels oder mit einem Aspirator *(s. Abb. 14)*. Bei einem

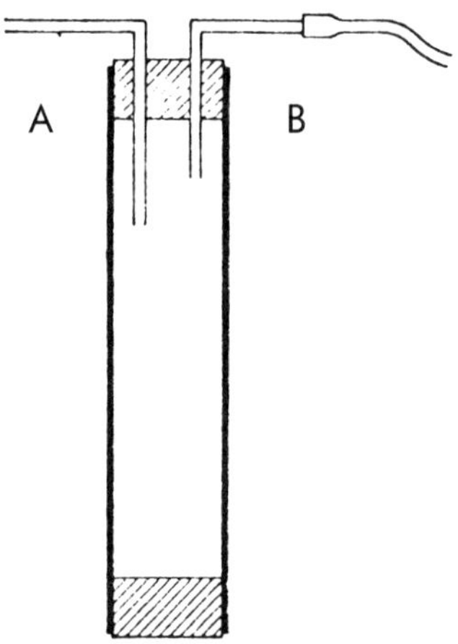

Abb. 14: Dispositiv des Aspirators von Schmidt zum Sammeln von Weiselfuttersaft. A. Zur Mitterzellen B. Zum Aspirator.

starken Bienenvolk und zusätzlicher Ernährung können in einen Bienenstock 50–100 Mutterzellen eingesetzt werden. Da eine Mutterzelle 200–300 mg Futtersaft enthält, können in einer Saison (3–4 Monate) einem Bienenstock 400–600 g Futtersaft entnommen werden.
Die Aufbewahrung des Futtersaftes hat in gut verschlossenem Gefäß ohne Lichtzutritt bei einer Raumtemperatur von –2 bis –5 °C zu erfolgen. Möglich ist auch die Aufbewahrung durch Konservierung in 45%igem Alkohol oder im Honig. Bei richtiger Aufbewahrung von – 18 bis –20 °C bleiben die Eigenschaften des naturalen Futtersaftes 1½ Jahre lang erhalten. Am besten erfolgt die Aufbewahrung durch Lyophilisation – Trocknen unter Vakuum bei 7 mm atmosphärischem Druck und einer Temperatur von –47 °C.

Chemische Zusammensetzung

Die spezielle Zusammensetzung verdankt der Futtersaft dem hohen Nährwert und den biologischen Eigenschaften. Er enthält alle grundlegenden Stoffe, die zum Aufbau des lebenden Organismus erforderlich sind: Eiweißstoffe, Kohlenhydrate, Fette, Mikroelemente, Enzyme, Vitamine, Mineralsalze u.a. Die Zusammensetzung hängt zum ersten von der Bienenrasse und zum zweiten vom Alter der Larven, als der Futtersaft entnommen wurde, ab.
Der frische Futtersaft stellt eine dichte weißliche Masse dar, mit spezifischem Geruch und säuerlichem Geschmack. Bei Raumtemperatur und Licht ist er nicht dauerhaft.

Der Futtersaft ist besonders reich an Eiweißstoffen, 13–30%. Zum Vergleich sei erwähnt, daß die Frauenmilch 1,7% und die Kuhmilch 3,5% Eiweiß enthält, bei einem Verhältnis 2:1 von Albumin zu Globulin. Er enthält 22 ersetzbare und nichtersetzbare Aminosäuren (Arginin, Glykokol, Zystein, Histidin, Lysin, Valin, Leuzin, Isoleuzin, Serin, Methionin, Glutaminsäure, Tryptophan u.a.).
Festgestellt wurde ferner Globulinsäure, bekannt in der Medizin als Gammaglobulin, die zur Resistenz des Organismus gegenüber von Bakterien, Viren und Toxinen beiträgt. In der Eiweißzusammensetzung des Futtersaftes wurde Gelatin, eine der wichtigsten Komponenten des Organismus, festgestellt.
Der Weiselfuttersaft enthält 5,46% Fette (zum Vergleich: die Frauenmilch enthält 3,5–4% und die Kuhmilch 3,5%), Kohlenhydrate 12,7% (zum Vergleich: die Frauenmilch enthält 7,0% und die Kuhmilch 4,7%).
Charakteristisch für den Futtersaft ist der große Reichtum an Vitaminen: Vitamin B1, B2, B3, B4, B5, B6, B7, B8, B9, B12 und in geringen Mengen Vitamin C, D, A und E. Die Pantothensäure (B5) spielt eine bedeutende Rolle beim Stoffwechsel der sich in Entwicklung befindlichen Larven. Sie ist um das 1,3fache reichhaltiger im »aktivierten« Muttersaft als im gewöhnlichen vorhanden.
Von Interesse sind die im Weiselfuttersaft enthaltenen Mikroelemente: Eisen, Mangan, Zink, Kobalt. Sie alle sind wichtig für die Blutbildung.
Die Zusammensetzung des Weiselfuttersaftes umfaßt noch: Azetylcholin, Cholinesterase, Verdauungsfermente, Hormone u.a. biologisch aktive Stoffe – insgesamt 3,9%. Deka-Oxy Dezensäure, die zu den Karbonsäuren gehört, wurde auch festgestellt. Allem Anschein nach synthesieren sie die brütenden Bienen oder sie erhalten sie in fertigem Zustand von den Pflanzen. Der Futtersaft ist das einzige natürliche Produkt, in dem diese Säure angetroffen wurde und die zur Zusammensetzung der Antitumorpräparate gehört. Der Futtersaft enthält auch einige Nebenbeimengungen: einzelne Pollen, Wachs u.a., und Deka-Oxy Dezensäure, die zu den Karbonsäuren gehört.

Biologische Wirkung

Die Untersuchungen an Futtersaft sind mit den Namen vieler Forscher, Experimentalisten, Klinikern und praktizierenden Ärzten verbunden: G. Tawnsend (Kanada), L. Cornejo (Argentinien), R. Chau-

vin, P. Lavy, A. Cailas (Frankreich), J. Matusevski (Polen), R. Gidoin (Rumänien), B. Filipic (Jugoslawien), P. Peischev (Bulgarien) u.a. Zwei der bedeutendsten Forscher des Futtersaftes, G. Tawnsend und P. Peischev (Bulgarien), stellten experimentell fest, daß der Futtersaft eine anabole Wirkung besitzt, wobei die mittleren und kleinen Dosen die Aufbauprozesse fördern und den Stoffwechsel erhöhen, während die hohen Dosen über (500–1000 mg) diese Prozesse verlangsamen. Ähnlich ist der Einfluß des Futtersaftes in Abhängigkeit vom funktionellen Zustand des Organismus.
Der Futtersaft als Zusatz zum Futter der Versuchstiere erhöht den Appetit, die Menge des Hämoglobins und die Anzahl der roten Blutzellen. Die Versuchstiere wachsen schneller, leben länger (im Durchschnitt um 17%) und sind den äußeren Einflüssen gegenüber widerstandsfähiger als die Kontrolltiere.
Tawnsend stellte fest, daß der Futtersaft die Tätigkeit der Geschlechtszellen erhöht. Die Versuchstiere (Hühner) verdoppeln ihre Legeleistung. Alte Hennen, die bereits aufgehört haben, Eier zu legen, beginnen von neuem Eier zu legen. Der Autor stellte ferner fest, daß Futtersaft als Nahrung von Insekten zur Verdoppelung ihrer Lebensdauer führt.
Die antimikrobielle Wirkung des Futtersaftes ist gegenüber des Goldstaphylokokken besonders stark ausgeprägt, jedoch schwächer gegenüber den grünlichen und hämolytischen Streptokokken, den weißen Staphylokokken, dem Typhus-, Dysenterie- und Milzbrandverursacher. Außerdem besitzt er eine Antivirusgrippewirkung und eine Antipilzwirkung bei Epidermophytien, Aspergillus niger u.a. Bei Verdünnung und beim Trocknen verliert der Futtersaft seine antibakterielle Wirkung. Dieser Effekt ist bei der Behandlung einiger Hautstaphylokokkeninfektionen von Bedeutung, bei der inneren Einnahme ist dieser Umstand nicht von wesentlicher Bedeutung, da der Futtersaft in ganz geringen Dosen eingenommen wird.
Vertiefte Untersuchungen des Einflusses von Futtersaft auf das Gehirn und auf beide Teile des vegetativen Nervensystems sind gleichfalls durchgeführt worden. Das ist ein wichtiger Teil der Heileigenschaften des Futtersaftes. Dadurch wird die ausgleichende Wirkung auf das vegetative Nervensystem und die günstige Wirkung bei der Behandlung der Hyper- und Hypotonie erklärt.
Als Ergebnis langwieriger und vertiefter experimenteller und klinischer Beobachtungen stellten polnische Autoren fest, daß der Futtersaft eine ausgeprägte immunregulierende Wirkung bei vielen Erkrankungen vom Typ der systematischen Erkrankungen des Bindegewe-

bes aufweist: die rheumatoide Arthritis, primäre Glomerulopathie, autoimmun-hämolytische Anämie, Bronchialasthma, u.a.
Der Futtersaft gehört zu den Stoffen mit nichtspezifischer Wirkung auf den Organismus. Seine Gesamtwirkung führt zu einem Aufschwung der vitalen Kräfte des Organismus. Bei seiner Einnahme läßt sich eine Steigerung des physischen und psychischen Tonus des Menschen feststellen. Die Stoffwechselprozesse verlaufen günstiger, die Trophik der Gewebe verbessert sich. Dies alles zeugt von einer stimulierenden Wirkung. Die spezifischen und nichtspezifischen Eigenschaften beeinflussen die Funktionen fast aller Organe und Systeme des Organismus.
Argentinische Autoren (H.O. de Carli, L. Gornejo, L. Maljar, J. Espinosa Camarena, J. Meza Pecho 1974) führten Beobachtungen an einer Modellatherosklerose bei Kaninchen durch. Dieselben wurden im Laufe von 158 Tagen einer hyperlypiden Diät ausgesetzt. Die Tiere waren in zwei Gruppen eingeteilt: Versuchstiere, denen Futtersaft durch Injektionen verabreicht wurden, und Kontrolltiere, die keinen Futtersaft erhielten. Die Autoren verfolgten das Niveau des Cholesterols und die gesamten Lipide im Blut, den Augengrund und die Koronargefäße mit Hilfe von Koronarographie. Sie verfolgten auch pathologoanatomisch die Veränderungen der Wände der Aorta, der Nieren, der Nebennieren, der Leber und der Koronararterien bei beiden Gruppen. Als Ergebnis stellten sie gegenüber den Kontrolltieren eine bedeutende Senkung des Niveaus des Cholesterols im Blut der Versuchstiere fest. Die atheromatosen Läsionen in den Aorten der Kontrolltiere waren in 69,4–85,4% der Fälle stark ausgeprägt, während bei den Versuchstieren, die mit Futtersaft behandelt worden waren, dies nur bei 10,1% der Fall war. Besonders stark ausgeprägt waren die günstigen Folgen bei den Versuchstieren, was den Augengrund und die Koronargefäße anbelangt, die sich im Rahmen des Normalen bewegten. Die Untersuchungen der Leber zeigten eine Protektivwirkung des Futtersaftes auf den Leberparenchym. Ähnliche Ergebnisse bei klinischen Beobachtungen über den Einfluß des Futtersaftes und der Bienenpollen auf die Systematherosklerosis wurden auch von rumänischen Autoren festgestellt.
Es wurde festgestellt, daß der Futtersaft auf den Blutzuckerspiegel wirkt, indem er bei Diabetikern zur Senkung des Blutzuckers führt. Eine ähnliche Wirkung läßt sich bei gesunden Personen nicht feststellen. Andererseits steht fest, daß der Futtersaft die Knochenmuskulatur befähigt, größere Glykosemengen zu verwerten.

Anwendungsmethoden

Der Futtersaft wird innerlich eingenommen (peroral oder rektal), durch Injektionen, auf physiotherapeutischem Wege oder äußerlich. Bei der inneren Anwendung wird der Futtersaft in frischem Zustand eingenommen (direkt von den Mutterzellen bei seiner Entnahme aus dem Bienenstock), nicht konserviert – im Kühlschrank aufbewahrt oder in Honig oder 45%igem Alkohol konserviert.
Die ganze Menge wird morgens auf leeren Magen auf einmal eingenommen oder in zwei Dosen eingeteilt – morgens und mittags auf leeren Magen. Die tägliche Dosis beträgt 120–180 mg. Französische Autoren empfehlen 250 mg und in besonders schweren Fällen sogar 500 mg täglich, japanische 450 mg täglich und in schweren Fällen 1000 mg täglich.
Behandlungskursus 2 Monate zweimal jährlich. Übliche Behandlungszeit von Mitte Februar bis Mitte April und von Mitte September bis Mitte November. Falls nötig, kann auch eine »isolierte« Behandlung durchgeführt werden.
Konservierung des Futtersaftes:
In Honig: 5 g Futtersaft wird mit 150 g Honig vermischt. Es wird ein Teelöffel voll morgens auf leerem Magen eingenommen.
Dauer des Behandlungskursus 2–3 Monate.
In Alkohol: 5 g Futtersaft wird in 100 ml 45%igem Alkohol konserviert und es werden täglich 15 Tropfen einmal morgens eingenommen.
Dauer der Behandlung 2–3 Monate.
Der konservierte Futtersaft wird bei 14–15 °C aufbewahrt.
Es bestehen pharmazeutische Präparate in Form von Kapseln, Ampullen für Muskelspritzen oder subkutane Verabreichung usw. Die Verabreichung durch Spritzen hat den Vorzug vor der Peroraleinnahme, da der Einfluß des Magensaftes vermieden wird und daher bessere Ergebnisse bedingt.
Es bestehen auch Präparate für elektrophoretische Anwendung. Bei Inhalationen wird nativer, konservierter in Honig oder in Alkohol gelöster Futtersaft angewandt. Vorher muß er in Wasser gelöst werden.
Äußere Anwendung: Der Futtersaft bildet einen Bestandteil verschiedener kosmetischer Erzeugnisse oder Unguente zur Behandlung von Wunden, Verbrennungen u.a.

Indikationen und Kontraindikationen

Der Futtersaft wird bei Asthenien verschiedenen Charakters empfohlen (sexueller, neurasthenischer, Alters- u.a.), bei Rekonvaleszenz, Hypotrophie und Appetitlosigkeit bei Kindern, chronischen Verdauungsstörungen, Atherosklerosis mit vorzeitigem Altern, gestörte Laktation, Hypotonie und Hypertonie (besonders klimakterische), Endarteriitis und Atheromatose der Gefäße der unteren Extremitäten, Stenokardie und nach Infarkt des Myokards, Bronchialasthma, Anämie, Gelenkerkrankungen mit Entzündungscharakter, Augenkrankheiten (Blepharitis und Konjuktivitis), Depressionszustände, Seborrhoe u.a.

Als Gegenanzeige für die Anwendung des Futtersaftes gilt die Unverträglichkeit des Organismus gegenüber diesem Produkt sowie die Addisonsche Krankheit und die akuten neoplastischen Erkrankungen.

Manchmal werden bei Unverträglichkeit oder Überdosierung gewisse Verdauungsstörungen beobachtet: Magenschmerzen, Erbrechen, Durchfall, die bei Verminderung der Dosis oder bei Einstellen der Therapie aufhören.

Teil II
Physiotherapeutische Methoden in der Apitherapie

Es werden auf physiotherapeutischem Wege folgende Bienenprodukte in den Organismus eingeführt: Bienengift, Propolis, Wachs, Bienenhonig und in geringem Maße Weiselfuttersaft.
Das Bienengift besitzt einen deutlich ausgeprägten steroiden und direkten nichtsteroiden Antientzündungseffekt. Es wirkt auf die mikrozirkulatorischen Prozesse und auf die Gefäßwände, außerdem weist es eine stark ausgeprägte analgetische und antibiotische Wirkung auf. Es unterdrückt ferner die Erregung der Nerven, ändert die Reaktivität des Organismus und führt zu einer tiefen lokalen Hyperämie mit darauffolgenden Genesungserscheinungen.
Die Propolis, das sogenannte »Antibiotika der Bienen« hat eine deutlich ausgeprägte antimikrobielle, antivirus- und antimykotische Wirkung. Außerdem äußert sich die Wirkung des Propolis als stark regenerativ, schmerzstillend und Entzündungen entgegenwirkend. Der Propolis trägt außerdem zur lokalen und allgemeinen Erhöhung des Immunschutzes des Organismus bei.
Der Honig und der Futtersaft besitzen eine antibiotische, hyposensibilisierende Antientzündungswirkung, und zwar auf der Grundlage eines anabolen (Aufbau-) Effekts.
Das Wachs enthält auch biologisch aktive Stoffe, die, wie jedenfalls angenommen wird, von der Haut aufgenommen werden können. Das Wachs ist seinerseits imstande, dank seiner Adsorptionseigenschaften, Abfall- und toxische Produkte aus den Geweben herauszuziehen. Bei Erwärmung nimmt es Wärme auf, die es beim Abkühlen abgibt. Letztere verursacht in den Geweben günstige Genesungsänderungen.
All diese biologischen Eigenschaften der Bienenprodukte bilden eine Voraussetzung für ihre Anwendung unter folgenden Formen: als Elektrophorese, Phonophorese, in Form von Inhalationen und als Wärmetherapie.
Die physikalischen Behandlungsmethoden sind den Injektionen vorzuziehen, da sie keine Schmerzen verursachen. Bei ihnen bilden sich in der Haut oberhalb der kranken Zone Depots, durch die allmählich in biologischen Mikrodosen die Heilbestandteile der Bienenprodukte in die Gewebe eindringen. Die therapeutische Wirkung wird außerdem durch das physikalische Agens verstärkt.
Die physikalische Behandlung mit einem Bienenprodukt wird gewöhnlich mit der peroralen Einnahme der anderen Bienenprodukte kombiniert. Z.B.: die physikalische Anwendung des Bienengiftes wird mit der inneren Anwendung von Bienenhonig, Propolis usw. kombinert, wobei eine Zusammenwirkung erreicht wird. Die physi-

kalische Anwendung kann auch mit anderen physikalischen Mitteln oder Behandlungsmethoden wie Ultraviolettstrahlen, Mikrowellen, Heilgymnastik, Massagen u.a. kombiniert werden.

Elektrophorese mit Bienenprodukten

1. Apitoxinelektrophorese. Sie wurde im Jahre 1934 von Hotke als Galvanophorese eingeführt. Anschließend wurde sie nach Labor- und klinischen Prüfungen in verschiedenen Instituten und pharmazeutischen Lehrstühlen von der Praxis aufgenommen *(s. Abb. 15)*. Aufgrund dieser Forschungen wurde die Herstellung von Präparaten zur Elektrophorese – Anwendung des Bienengiftes wie »Mellivenon« (Bulgarien) zugelassen. Es stellt ein pulverisiertes, für die Elektrophorese standardisiertes Bienengift dar, das in einer Packung 320 ME lyophilisiertes Apitoxin und 10 ml eines entsprechenden Lösungsmittels (mit pH 4,6) enthält. Bekannt sind ferner »Apiphor« (Erzeugnis der GUS) in Tablettenform.
Von manchen Autoren (P. Potschinkova, Bulgarien, 1978) wird der Bienenhonig als Konservierungsmittel angewandt, in denen das Bie-

Abb. 15: Plasmacortisol/microgram zu 100 ml im Blut der Versuchstiere (Hunde) nach Elektrophorese mit Bienengift (1) Apamin (2) und Melitin (3) (nach R. Brooks u.a.).

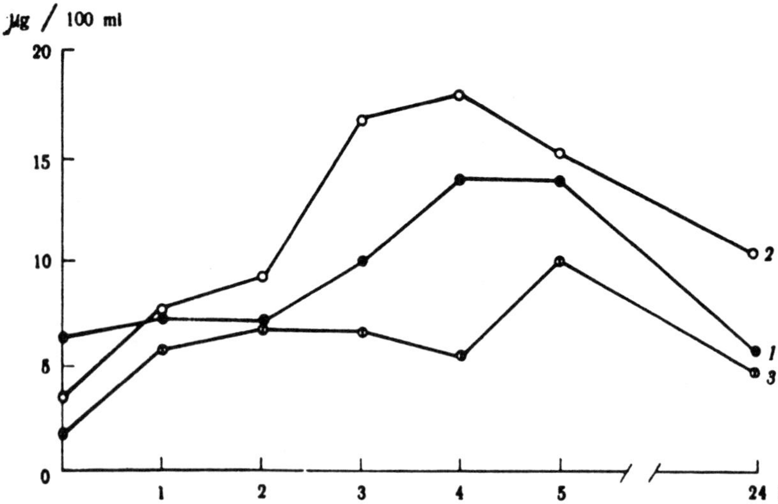

nengift seine Aktivität bewahrt (Wasserlösungen sind sehr kurzlebig) und besonders zur elektrophoretischen Einführung geeignet ist. Andere Autoren (W. Prihodko, GUS) sowie in Frankreich bedienen sich zum selben Zweck eines öligen Mittels.

Methodik: Die Apitoxinelektrophorese wird erst nach einer negativen Probe in bezug auf die Verträglichkeit von Bienengift begonnen. Es handelt sich um eine skarifikations- oder elektrophoretische Probe an der Volaroberfläche des Unterarmes.

Die Komponenten des Apitoxins werden über beide Pole eingeführt. Bei Präparaten mit gepuffertem Lösungsmittel wird eine effektive elektrophoretische Einführung über die Anode gewährleistet.

Die allmähliche Erhöhung der Dosierung wird durch Erhöhung der eingeführten Menge der Apitoxinlösung (von 2–10 ml), die Dauer der Prozedur (von 15–30 Minuten) und die Stärke des angewandten Stromes (von 10–30 mA) erreicht. Je nach dem konkreten Fall wird eine Quer- oder Längsmethodik angewandt. Der Behandlungskurs beträgt 12–15 Behandlungen. Eine Wiederholungsbehandlung kann erst nach einer Pause von einem bis zwei Monaten durchgeführt werden.

Nach der gleichen Methodik werden auch die diadynamischen und Impulsströme angewandt.

Die Mikroelektrophorese mit Bienengift wird durch Aufsetzen von speziellen Mikroelektroden auf die biologisch aktiven Akupunkturzonen der Haut verwirklicht.

Indikationen: Die Apitoxinelektrophorese wird bei der Behandlung von Gelenkerkrankungen mit Entzündungs- und degenerativem Charakter, (Arthritis und Arthrosis), von Erkrankungen des peripheren Nervensystems (Neuralgien) angewandt, ferner findet sie Anwendung bei schwerheilenden Wunden, Parodontopathien, bei Oberflächenthrombophlebitis u.a.

2. Propoliselektrophorese – findet Anwendung als Galvano-, Impulso- oder Diadynamophorese.

Die Propolis fand relativ spät Anwendung in der gegenwärtigen Medizin, trotzdem hat man in der physikalischen Medizin bereits eine reiche klinische Erfahrung gesammelt.

Methodik: Die Propolis findet unter folgenden Formen Anwendung (s. Propolis):

a) Als Wasser-Alkohol-Emulsion, die man unmittelbar vor der Anwendung aus 30%igem Alkoholextrakt durch Verdünnung mit Wasser im Verhältnis 10:100 vorbereitet.

b) Als Wasserextrakt (10%), dabei enthält die Propolis wärmebeständige und -unbeständige Komponente. Die Wirkungsdauer des Extraktes erstreckt sich auf annähernd 10 Tage.
Die Propolis wird als mehrkomponentenbiologisches Produkt über die beiden Pole eingeführt. Es werden 12–15 tägliche Behandlungen durchgeführt, wobei die Stromstärke den hydrophilen Kissen entspricht und von 0,1 auf 0,2 mA/cm erhöht wird zwecks Erhöhung der Dosierung. Die Dauer einer Behandlung beträgt 15–30 Minuten. Es wird Quer- und Längsmethodik angewandt.
Bei der Behandlung von Rachenentzündung, Rhinitis, Kolpitis und anderen Hohlraumprozessen wird die indirekte Elektrophorese mit Propolis angewandt. Bei dieser Methodik wird ein eingetauchter Tampon in Propolis-alkoholwäßrige oder -alkoholölige Emulsion oder in Propolis-Wasserextrakt während der Behandlung im Hohlraum gehalten. Anwendbar ist auch eine Propolis-Honigpaste, mengenmäßig der Größe des Hohlraumes entsprechend. Die Elektrodenkissen werden quer über den Hohlraum aufgesetzt, und zwar so, daß der Hohlraum und die sich darin befindende Propolis ins Wirkungsfeld der Kraftlinien geraten *(s. Abb. 16)*.
Möglich ist bei Hohlraumprozessen (Vagina, Nase, Zahn) auch die übliche direkte Elektrophorese mit Propolis, wobei die Elektroden direkt mit dem hydrophilen Kissen (eingetaucht mit Propolisextrakt) in Berührung kommen.
In der Stomatologie findet die Propolis Anwendung bei der Behandlung von Entzündungsprozessen, zur Stillung von Schmerzen und Sterilisation des Zahnwurzelkanals. Eingeführt wurde diese Methode von J. Pissarev (1980, Bulgarien), und zwar als Hohlraum- und Kanalelektrophorese (mit galvanischem oder Impulsstrom). Dabei ist die gleichzeitige Einführung der Bestandteile der Propolis, wenn sie auch verschiedene Polarität besitzen, in die Gewebe möglich. In den Zahnkanal eines einwurzeligen Zahnes wird als Elektrode die Miller-Nadel mit darum gewickelter Watte, die in die Propolis-Alkohol-Wasser-Emulsion eingetaucht ist, eingeführt. Bei der Galvanophorese dauert die Prozedur 3 Minuten, die Stromstärke beträgt 3 mA, während bei der Impulsoelektrophorese die Stromspannung 30–40 V beträgt, und die Prozedur 2 Minuten dauert. Bei mehrwurzeligen Zähnen kommt die Elektrode mit einem Tampon in Berührung, der in Alkohol-Wasser-Emulsion von Propolis eingetaucht ist und sich im Cavum des Zahnes befindet. Die Dauer der Galvanophorese beträgt 20 Minuten und die Stromstärke 3 mA.
Die Impulsophorese dauert 10 Minuten, die Stromspannung beträgt

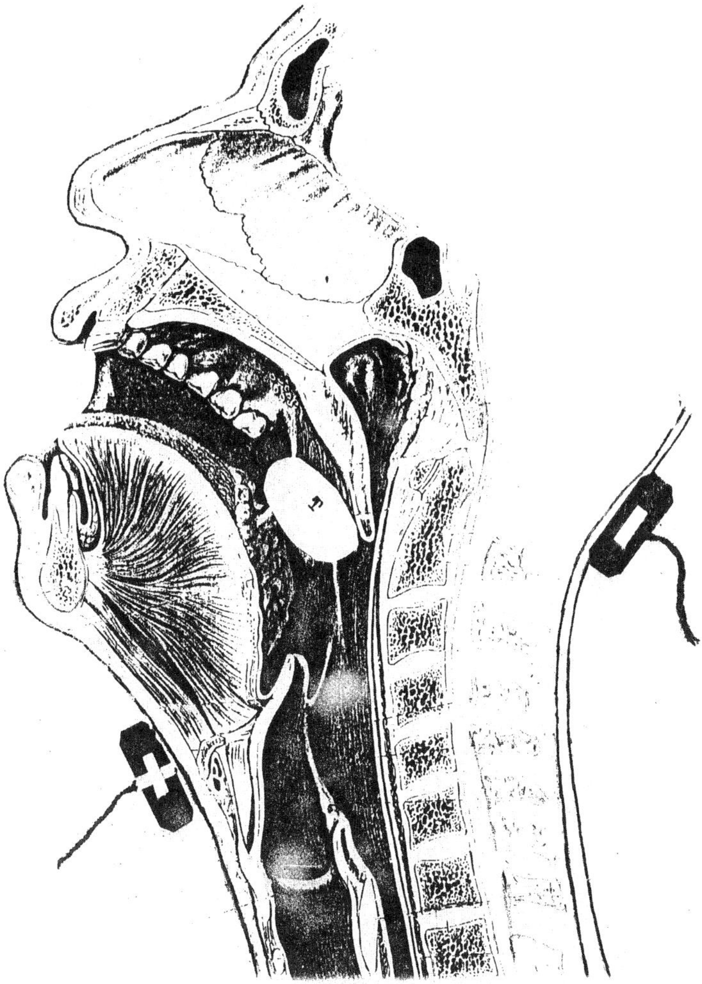

Abb. 16: Indirekte (Hohlraum-) Elektrophorese bei Pharyngitis. Die Elektroden sind in vorn/hinten Lage. T – Tampon, getaucht mit Arzneiflüssigkeit.

30–40 V. Die indifferente Elektrode wird in nächster Nähe gegenüber dem behandelten Zahn aufgesetzt, oder der Kranke hält sie in der Hand. Durchgeführt werden jeweils drei Prozeduren und zwar jeden Tag.
Indikationen: Die Elektrophorese mit Propolis wird bei Gelenkerkrankungen mit Entzündungs- oder degenerativen Charakter ange-

wandt, bei Traumata, Myalgien, Erkrankungen des peripheren Nervensystems mit Schmerz- und Schwächeerscheinungen, bei Rhinitis, Rachenentzündungen, Ohrenentzündungen, Glossodynien, Parodontopathien, Kolpitis, Trichophytien, u.a.

3. Elektrophorese mit Bienenhonig. Es wurde experimentell und klinisch festgestellt, daß die aktiven Bestandteile des Honigs durch Elektrophorese in das Gewebe eingeführt werden können.
Methodik: Es wird eine frisch zubereitete Wasserlösung von Honig (30%) benutzt. Voraussetzung dafür ist die richtige Wahl des Honigs, d.h. Honig, der der Erkrankung entspricht – (Art des Honigs, Resistenz des Urhebers gegenüber den Antibiotika des Honigs u.a.). Aktiv sind beide Pole. Angewandt wird eine transkutan, direkte und indirekte Hohlraummethodik. Benutzt wird galvanischer Strom, mit einer Stärke entsprechend der Größe des hydrophilen Kissens. Die Dauer der Prozedur beträgt 15–30 Minuten. Sie wird im Laufe von 12–15 Tagen durchgeführt.
Indikationen: Die Elektrophorese mit Bienenhonig wird bei Rhinitis, Sinusitis, Rachenentzündung, Bronchitis, Kolpitis, Erosion des Gebärmutterhalses, Vaginaltrichomonas u.a. benutzt.

Phonophorese mit Bienenprodukten

1) Die Apitoxinphonophorese stellt eine Methode dar, bei der die Wirkung des aktiven biologischen Produkts – des Bienengiftes – mit dem mächtigen physikalischen Agens, dem Ultraschall in gleicher Richtung und synergisch wirkend, kombiniert wird. Zum ersten Mal wurde sie von P. Potschinkova im Jahre 1965 angewandt.
Die im Zeitraum 1968–1972 folgenden vertieften experimentellen und klinischen Beobachtungen begründeten die Phonophorese und warfen Licht auf ihren Wirkungsmechanismus.
Es wurde festgestellt, daß das Apitoxin nichts von seiner biologischen Aktivität unter Einfluß der akustischen Energie einbüßt. Unter Einfluß von therapeutischen Dosen Ultraschall und Bienengift treten im Gewebe Änderungen ein, die Reparationsprozesse im pathologischen Herd bedingen. Außer in Bulgarien wird die Phonophorese mit Bienengift auch in anderen Ländern (GUS, Rumänien, Jugoslawien u.a.) mit gutem Erfolg angewandt. In Rumänien wurden vergleichende Beobachtungen durchgeführt und zwar mit Phonophorese mit Kortison. Vorgezogen wird der guten Wirkung wegen die Apitoxinphonophorese.

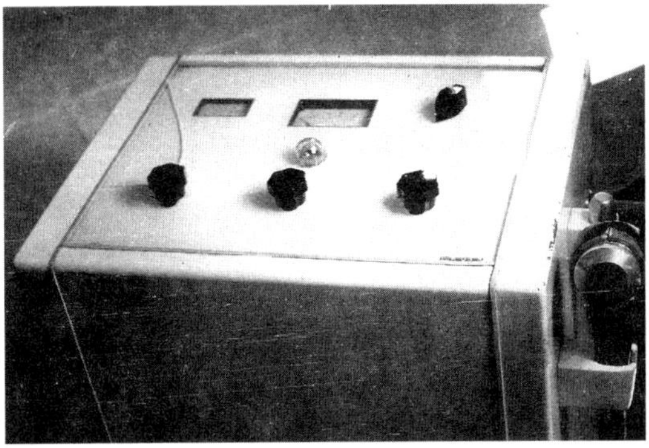

Abb. 17: Apparat für Ultraschalltherapie Typ TUR-US-5, deutsches Erzeugnis.

Methodik: Es wird Unguent von lyophilisiertem Bienengift auf Vaselinbasis (150–300 mg) benutzt, das als Mediator zur Übertragung der Energie des Ultraschalles und gleichzeitig als Kollektor des Bienengiftes dient.
Die Behandlung beginnt nach Ermittlung der Empfindlichkeit des Kranken gegenüber dem Bienengift. Bei negativer Bioprobe werden alltäglich im Laufe von 12–15 Tagen Behandlungen mit einer Dauer von 5–12 Minuten labil durchgeführt, und zwar lokal und segmentar. Die Stärke der Ultraschallenergie hängt von der Art der Erkrankungen und von der Feldgröße ab (0,3–1 W/cm) *(s. Abb. 17)*.
Die Mikrophonophorese mit Bienengift wird in den biologisch aktiven Akupunkturzonen der Haut angewandt, von denen feststeht, daß sie gegenüber der Ultraschallenergie sehr empfindlich sind. Gleichzeitig ist eine große Empfindlichkeit derselben Zonen gegenüber dem Bienengift festgestellt worden *(s. Abb. 18)*.
Die Apitoxinphonophorese kann auch in Kombination mit anderen Behandlungsmethoden (Ultraviolettbestrahlung, Mikrowellentherapie, Massage, Heilgymnastik u.a.) angewandt werden. Empfehlenswert ist die Potenzierung der Wirkung des Giftes durch perorale Anwendung anderer Bienenprodukte.
Indikationen: Entzündungs- und degenerative Gelenkerkrankungen und deren Prophylaxe, Erkrankungen des peripheren Nervensystems, Sehnenscheidenentzündungen und Epicondylitis, Periarthritis, Traumata, Myalgien, Parodontopathien u.a.
2) Propolisphonophorese: Als Kontaktunguent dient Propolissalbe (5–10%). Eine Bereicherung mit 5%iger Salizylsäure oder 3% Schwefel ist möglich. Nach den üblichen Methodiken wird eine labile

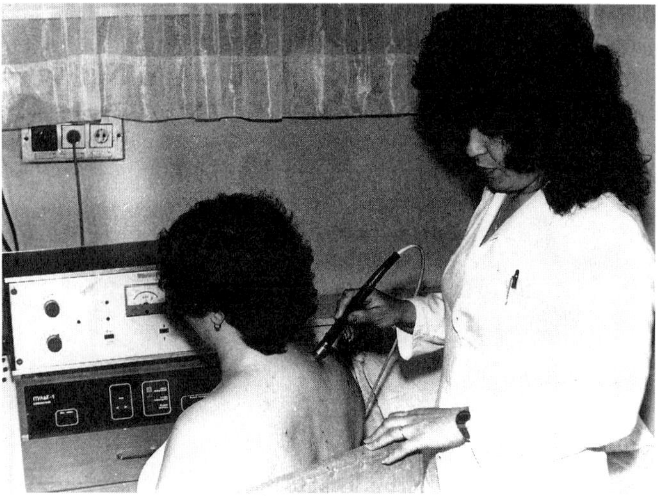

Abb. 18: Durchführung von Mikrophonophorese mit Bienenprodukten vom biologisch-aktiven Punkt.

Durchschallung durchgeführt. Bei Unterwasserdurchschallung ist ein Unguent auf der Basis von Vaselin-Wachs (8:2) und Propolis (5%) geeignet.

Indikationen: Die Phonophorese mit Propolis wird bei Gelenkerkrankungen, Erkrankungen des peripheren Nervensystems mit Schmerz- oder Schwächesyndrom, bei Myalgien, Sehnenscheidenentzündungen, Parodontopathien u.a. angewandt.

Inhalationsbehandlung mit Bienenprodukten

Zur Inhalierung wird Bienenhonig, Propolis und z.T. Futtersaft benutzt. Dies geschieht aufgrund ihrer deutlich ausgeprägten antibiotischen und Antientzündungswirkung.

Ihre Zerstäubung wird mit Hilfe von speziellen Apparaten verwirklicht (Kompressoren und Ultraschallzerstäuber). Unter häuslichen Bedingungen ist eine Zerstäubung durch Verdampfung möglich.

Beim Einatmen des Aerosols aus Honig, Propolis oder Futtersaft (selbständig oder in Kombination) kommen die Heilstoffe mit der Schleimhaut der Atmungswege in Berührung. Bei Zerstäubung durch Kompressoren ist die Größe der Teilchen so, daß sie die

Schleimhaut der oberen Atmungswege erreichen, während bei Ultraschallzerstäubung die Teilchen auch die unteren Atmungswege erreichen. Hier üben sie ihre Heilwirkung aus. Ein Teil des heilsam wirkenden Aerosols wird von der Schleimhaut resorbiert und gerät von hier ins Blut.

Methodik: Die Inhalierung beginnt erst nach einer negativen Probe in bezug auf die Verträglichkeit. Die Behandlungen werden mit 30%iger, frisch zubereiteter Wasserlösung von Honig, 10%igem Wasserextrakt von Propolis, Alkohol-Wasser- (1:10) oder Alkohol-Glyzerin-Emulsion (1:1, 1:2) von Propolis durchgeführt.

Für eine Inhalation werden 15–20 mg frischer oder in Honig oder Alkohol konservierter Futtersaft verwendet. Der Futtersaft wird unmittelbar vor der Prozedur in Wasser gelöst. Man muß beachten, daß die Futtersaftlösungen äußerst unbeständig sind.

Für eine Behandlung reicht eine Lösung von 10–15 ml völlig aus.

Die Einatmung erfolgt durch den Mund oder durch die Nase, je nach Charakter der Erkrankung. Möglich ist auch ein Wechsel während ein und derselben Sitzung, wobei während der einen Hälfte der Zeit durch den Mund eingeatmet wird und danach durch die Nase. Täglich werden 1–2 Behandlungen durchgeführt. Die Dauer einer Behandlung beträgt 15–20 Minuten. Die gesamte Behandlungsdauer ist 10–20 Tage. Eine Wiederholung kann nach einem Monat stattfinden, um eine Stabilisierung der Ergebnisse zu erreichen.

Bei Ultraschallinhalationen werden Apparate für individuelle oder Gruppeninhalation verwendet. Es werden dieselben Bienenprodukte benutzt wie bei den Kompressionsinhalationen, allerdings ist eine vorläufige Filterung der Lösung erforderlich. Die Behandlung dauert 15–20 Minuten.

Dampfinhalationen – Der Honig sowie die Propolis können auch zu Hause für Inhalationen benutzt werden. Dies geschieht durch Verdampfungszerstäubung. In diesem Fall allerdings werden infolge der hohen Temperatur ein Teil der aktiven Stoffe zerstört, was selbstverständlich den Heileffekt beeinträchtigt. Diese erfordert eine längere Behandlung. Ein Vorzug ist auf jeden Fall, daß diese Behandlung unter häuslichen Bedingungen durchgeführt werden kann. Mangels eines speziellen »Dampfinhalators« kann ein gewöhnlicher Teekessel verwendet werden *(s. Abb. 19)*. Man gießt in den Teekessel 100 ml Wasser und wartet, bis das Wasser zu kochen anfängt, danach werden zwei Teelöffel Honig oder Propolis von der Größe einer Haselnuß, die in kleine Stücke zerschnitten wird, hinzugefügt. Der Teekessel wird gut verschlossen. Auf den Hals des Teekessels wird ein kleiner

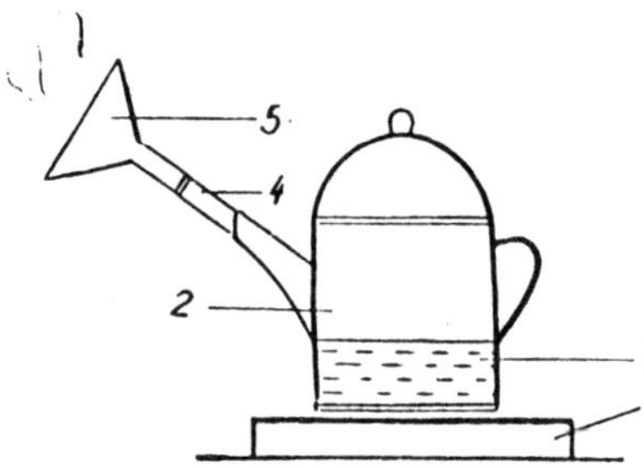

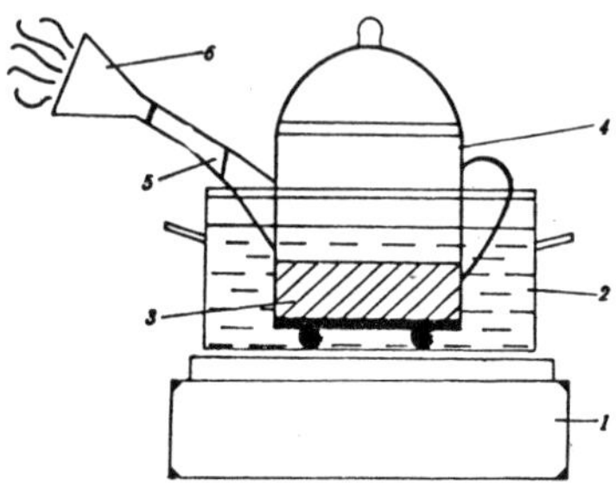

Abb. 19 (links): Einrichtung zur Dampfinhalation unter häuslichen Bedingungen. 1 – Elektroerhitzer; 2 – Teekessel; 3 – Bienenprodukt, gelöst in Wasser oder in Heilkrautabsud; 4 – Verlängerer; 5 – Aufatmungstrichter.

Abb. 20 (rechts): Einrichtung für »warm-trockene« Inhalationen unter häuslichen Bedingungen. 1 – Elektroerhitzer; 2 – Wasserbad; 3 – Bienenprodukt in trockenem Zustand; 4 – Teekessel; 5 – Verlängerer; 6 – Aufatmungstrichter.

Gummischlauch aufgestülpt, durch den der Kranke die mit Heilstoffen gesättigten Dämpfe einatmet. Es ist empfehlenswert, das Kochen zu regulieren, damit das Wasser nicht allzustark zu kochen anfängt. Die Behandlung dauert 15–20 Minuten. Sie wird gewöhnlich abends vor dem Schlafengehen durchgeführt.

»Warm-trockene« Inhalationen mit Wachs oder Wachs und Propolis. Sie werden unter häuslichen Bedingungen durchgeführt *(s. Abb. 20).* In einen kleinen Emailleteekessel werden 100 g Wachs oder 60 g Wachs und 40 g naturreine Propolis gelegt (kleingeschnitten). Der kleine Teekessel kommt in ein größeres Gefäß mit Wasser und man bringt es im Wasserbad zum Kochen. Der Hals des Teekessels wird durch einen Schlauch verlängert, durch den der Kranke einatmet. Die Behandlung dauert 15–20 Minuten und wird 1–2mal täglich durchgeführt. Wenn die Verdampfung und das Aroma schwächer werden, werden neue frische Mengen Wachs und Propolis hinzugefügt, so daß der Inhalt des kleinen Teekessels lange Zeit verwendet werden kann.

Indikationen: Inhalationen mit Honig, Futtersaft, Propolis und Wachs sind empfehlenswert bei akuten und chronischen Erkrankungen der Atmungswege: Rhinitis, Sinusitis, Mandelentzündungen, Rachenentzündungen, Kehlkopfentzündungen, Luftröhrenentzündungen, Bronchialkatarrh, entsprechende Formen von Bronchialasthma, bei leichten Formen von Bronchiektasien u.a.

Die Inhalationen können für sich selbst durchgeführt werden oder in den Komplex der Grundbehandlung aufgenommen werden.

Wärmebehandlung mit Bienenprodukten

Zur Wärmebehandlung in der Apitherapie wird das Bienenwachs selbständig oder durch Propolis bereichert (5–10%) benutzt.
Beim Erwärmen nimmt das Wachs eine bestimmte Menge Wärme auf, die es dann an das Gewebe abgibt. Die Wachsbehandlung ist der Paraffineinbettung ziemlich ähnlich; während jedoch das Paraffin vollkommen indifferent ist, weist das Wachs eine gewisse Aktivität auf. Es wird angenommen, daß die Haut imstande ist, einige seiner Bestandteile zu resorbieren, andererseits wiederum besteht die Annahme, daß das Wachs einige Abfallprodukte und Toxine aus den Geweben auszieht, so daß seine Heilwirkung dadurch verstärkt wird.
Methodik: Die Behandlung wird in Form von Aufsetzen von warmen »Wachsbrötchen«, von warmen Wachskompressen und Wachspflastern durchgeführt.
Die Erwärmung des Wachses erfolgt im Wasserbad. Das geschmolzene Wachs wird 2–3 cm hoch in flache Gefäße gegossen. Solange es noch warm ist, wird es aus dem Gefäß genommen und auf die kranke Zone gesetzt. Darüber kommt ein Stück Nylon und alles wird in einen Wollappen eingewickelt. Die Behandlung dauert 15–20 Minuten.
In das im Wasserbad geschmolzene Wachs oder Wachs-Propolismasse werden Mullkompressen eingetaucht, die dann leicht abgekühlt auf die kranke Stelle gesetzt werden. Sie werden gleichfalls in ein Stück Nylon und nachträglich in ein Wolltuch eingewickelt, damit die Wärme länger erhalten bleibt.
Die Wachspflaster werden frühzeitig vorbereitet: Ein Stück Baumwollstoff in entsprechender Form und Größe wird in geschmolzenes Wachs eingetaucht, dem 5–10% kleingestoßene Propolis zugefügt ist. Dann läßt man sie abkühlen. Bei Gebrauch werden sie von neuem leicht angewärmt und werden im Laufe von 12–24 Stunden auf die kranke Stelle aufgesetzt.
Indikationen: Erkältungs- und Entzündungsleiden von Muskeln, Sehnen und Nerven, degenerative, entzündliche und traumatische Erkrankungen der Gelenke, Bronchialkatarrh, Sinusitis usw.

Teil III
Prophylaxe
mit Bienenprodukten

Der Haupttrend in der gegenwärtigen Medizin ist die Vorbeugung vor Erkrankungen des Organismus. Die Bienenprodukte können dank ihrer vielfältigen Zusammensetzung (reichhaltiger Gehalt an Vitaminen, Enzymen, antibiotischen Stoffen und anderer biologisch aktiven Komponenten) und Eigenschaften (regenerative, antientzündungswirkende, kapillarfestigende, strahlenschützende u.a.) als geeignete Mittel erfolgreich bei der Prophylaxe einer Reihe von Erkrankungen benutzt werden.

Zusammensetzung und Eigenschaften der Bienenprodukte von Bedeutung für die Prophylaxe verschiedener Erkrankungen

Vitamingehalt

Der Pollen enthält im Vergleich zu den übrigen Bienenprodukten die größte Menge und die verschiedenartigsten Vitamine, die aus ihm ein wirklich »natürliches Vitaminkonzentrat« machen. In geringeren Mengen kommen sie im Weiselfuttersaft, im Honig, in der Propolis und im Bienenwachs vor. Indem die Vitamine an verschiedenen biochemischen Reaktionen beteiligt sind, beeinflussen sie den Stoffwechsel, erhöhen den Tonus des Organismus und wirken günstig auf das Nervensystem. Es wird angenommen, daß die Vitamine, die in den Bienenprodukten enthalten sind, im Vergleich zu den synthetischen eine größere Aktivität besitzen, da sie in einem geeigneten Verhältnis zueinander stehen und dabei in natürlicher, unmanipulierter Form auftreten.

Im Bienenhonig ist der Vitamingehalt nicht bedeutend, allerdings kann er bei täglicher Einnahme den Vitaminmangel im raffinierten Zucker ersetzen und dadurch den Organismus vor dem ungünstigen Einfluß einer Reihe von Faktoren der Außenwelt und der derzeitigen Lebensweise schützen.

Der Pollen enthält bedeutende Mengen von Vitamin P, bekannt unter der Bezeichnung Rutin. Sein Vorhandensein im Organismus ist von großer Bedeutung für die Elastizität der Blutgefäße und vor allem für die Hirngefäße und das Herz, die oft von atherosklerotischen Prozessen befallen werden, wobei die Gefahr von Verstopfung und Aufplatzen nicht unwesentlich ist.

Enzymzusammensetzung

Die Fermente (Invertase, Diastase, Katalase, Phosphatase, Protease u.a.), die in den Bienenprodukten auftreten, stammen sowohl vom Organismus der Bienen als auch von den Pflanzen. Von den Bienenprodukten mit Nähr- und Heileigenschaften – Honig, Pollen und Weiselfuttersaft – befindet sich die größte Enzymmenge im Honig und im Bienenpollen, weniger im Weiselfuttersaft. Die Enzyme sind imstande, bei den Stoffwechselprozessen im Organismus die komplizierten Moleküle (Polysaccharide) in einfache (Monosaccharide) abzubauen. Letzere werden als Energie- und Nährstoffe vom Organismus am leichtesten aufgenommen und beeinflussen schnell das Nervensystem günstig, erweitern die peripheren und Koronarblutgefäße usw. Zum Teil führt dies zur Senkung des Blutdruckes, Ernährung des Gehirns, des Herzmuskels und zur besseren Abscheidung von Harn. Einerseits entlasten die vorhandenen Fermente in den Bienenprodukten die Enzymsysteme des gesunden Organismus und andererseits fördern sie die Verdauung und Resorption der Nahrung im Magen-Darm-Trakt. Parallel dazu aktiviert sich die Darmperistaltik und die Magensekretion normalisiert sich.

Die Kohlenhydrate im Honig in Form der unter Einfluß der Enzyme abgebauten Monosaccharide fördern die Tätigkeit der Leber und ihre detoxierende Funktion sowie die Tätigkeit der Nieren.

Antibiotische Stoffe

Antibiotische Stoffe sind in allen Bienenprodukten enthalten, doch diese Stoffe finden sich in größten Mengen und am aktivsten in der Propolis. Sie spielen eine große Rolle bei der Prophylaxe von Erkrankungen auf der Basis von bakteriellen, Virus- oder Pilzinfektionen. Dieser Umstand ist von wesentlicher Bedeutung bei Hautprozessen, bei Prozessen im Magen-Darm-Trakt und im Atmungssystem – überhaupt dort, wo der antibiotische Faktor in direktem Kontakt mit dem gefährdeten oder bereits erkrankten Gewebe steht.

Die antibiotischen Eigenschaften der Bienenprodukte beruhen nicht bloß auf ihrer direkten Wirkung auf den Erreger – Senkung seiner Virulenz und seiner fermentativen Aktivität, sondern parallel dazu sind sie imstande, einen Teil der Schutzmechanismen des Organismus zu aktivieren. Die antibiotische Wirkung allerdings ist nicht ausreichend, besonders bei unzugänglichen, keinen direkten Kontakt zulassenden erkrankten Zonen. In solchen Fällen wird eine Kombination des Bienenproduktes mit den üblichen Antibiotika oder chemischen Therapeutika erforderlich. Die Propolis ist imstande, die Aktivität bestimmter Antibiotika (Penizillin, Streptomyzin, Tetrazyklin, Chlormyzetin, Neomyzin, Monomyzin, Oleandomyzin u.a.) wesentlich zu steigern. Obwohl die Wirkung der Propolis im Blut geringer ist als jene der üblichen Antibiotika, besteht ein Vorteil darin, daß sie nicht toxisch ist und bei den Mikroorganismen keine Resistenz hervorruft. Andererseits, im Unterschied zu den Antibiotika, beschädigt die Propolis die normale Darmflora nicht und verursacht dank dieses Umstandes die unangenehmen Folgen bei Einnahme der üblichen Antibiotika – die Diabakteriose – nicht.

Mineralische Stoffe und Mikroelemente

In den Bienenprodukten sind fast alle mineralischen Stoffe und Mikroelemente, die von Belang für den menschlichen Organismus sind, festgestellt worden. Sie stammen sowohl aus der Pflanzenwelt als auch von den Bienen. In den Bienenprodukten sind sie in verschiedenen Mengen vertreten. Wenn auch einige nur als Spurenelemente vorkommen, sind sie dennoch eine wertvolle biologische Quelle und spielen eine bedeutende Rolle für die normale Entwicklung des menschlichen Organismus: für den Stoffwechsel, die Synthese des tierischen Eiweißes, den Wäremeaustausch, die Blutbildung, die immunologische Schutzreaktion u.a. Nachgewiesen wurde die Zusammensetzung der Mikroelemente mit den Vitaminen, Hormonen und Fermenten im Organismus. Ihr Fehlen im Organismus führt zu manchen Erkrankungen.
Von größter Bedeutung für die Bereicherung des Organismus an mineralischen Stoffen und Mikroelementen ist der Bienenhonig wegen der Möglichkeit seines langfristigen Genusses. Er kann überall dort, wo der gebräuchliche Zucker verwendet wird, zum Süßen benutzt werden. Größere Mengen mineralische Stoffe kommen in den dunklen Honigarten insbesonders im Honigtau, vor.
Zu den im Honig enthaltenen Mikroelementen gehören Kobalt, Lithium, Silizium, Strontium, Molibdän, Titan, Mangan u.a.

Biogene Stimulatoren

Biogene Stimulatoren sind im Honig, im Pollen, Weiselfuttersaft und in der Propolis enthalten. Ihr Vorhandensein ist durch Versuche an pflanzlichen und tierischen Geweben nachgewiesen. Die Entwicklung der Gewebe wird durch Zugabe von Bienenprodukten zum Nahrungsmedium angeregt.
Anabole (aufbauende) Wirkung üben der Weiselfuttersaft, der Pollen und die Propolis aus. Der Nahrung von Versuchstieren beigefügt, tra-

gen sie zur Beschleunigung des Wachstums und der Zunahme der Masse der Versuchstiere um 10–45% bei. Dabei nimmt nachweisbar die Menge der Erythrozyten und des Hämoglobingehaltes im Blut zu. Festgestellt wurde die Regenerierung des Lebergewebes unter Einfluß des Bienenhonigs und des Pollens. Eine regenerative Wirkung der Propolis ist besonders unzweideutig beim Verwachsen von Wunden ausgeprägt, und vermutlich mit dem Gehalt von Flavonoiden verbunden.

Antisklerotische Wirkung

Das Bienengift, der Weiselfuttersaft, die Propolis und in geringem Maße der Honig, senken den Cholesterolspiegel im Blut. Dies bedeutet ein wichtiges Glied in der Prophylaxe der Arteriosklerose – eine Geißel für die heutige Menschheit.
Zur antisklerotischen Wirkung der Bienenprodukte muß auch die vorbeugende Wirkung der Propolis und des Bienengiftes gegen die Aggregation (Zusammenballung) der Thrombozyten berücksichtigt werden. Auf diese Weise wird die Bildung von Thromben verhindert und die Zirkulation in den kleinsten Blutgefäßen verbessert. Diese Tatsache ist besonders wichtig bei der Prophylaxe sowohl der Arteriosklerose selbst, als auch für die Behandlung ihrer Komplikationen – Herzinfarkt und Schlaganfall.
Hier muß besonders die kräftigende Wirkung der Flavonoide, die in größter Menge in der Propolis und in geringen Mengen in den übrigen Bienenprodukten vorkommen, auf die Gefäßwände hervorgehoben werden. Der beträchtliche Gehalt an Rutin vor allem im Pollen trägt gleichfalls zur Elastizität der Gefäßwände bei.
Jedes der Bienenprodukte für sich und viel mehr noch in Kombination mit den übrigen ist imstande, günstig in den einzelnen Momenten der Entwicklung des sklerotischen Prozesses einzuwirken. Die einzelnen Produkte ergänzen sich bei der Prophylaxe der Arteriosklerose. Die Prophylaxe dieser Erkrankung muß allerdings rechtzeitig begonnen werden und langfristig durchgeführt werden. Angesichts des Umstandes, daß die Bienenprodukte keine toxischen Eigenschaften aufweisen, können sie in der Tat langfristig eingenommen werden, insbesondere was den Honig anbelangt, der als angenehme und wertvolle Zutat zur Nahrung und Diät eingenommen werden kann. Dieser Umstand zeugt von der Bedeutung dieser Produkte bei der Prophylaxe der Arteriosklerose.

Antientzündungswirkung

Beim Bienengift und bei der Propolis ist die Antientzündungswirkung am deutlichsten ausgeprägt. Das Bienengift vereinigt die Antientzündungswirkung der Glykokortikoide mit jener der nichtsteroiden, aspirinähnlichen Antientzündungsmittel, wobei keine ungünstigen Folgen der kortikosteroiden Behandlung auftreten.
Die Propolis weist gleichfalls eine Antientzündungswirkung auf, deren Wirkungsmechanismus jedoch verschieden von jenem des Bienengiftes ist.

Immunreaktion des Organismus

Die Steigerung der Immunreaktion des Organismus, d.h. die Potenzierung des Schutzes des Organismus durch erhöhte Produktion von Antikörpern, zeigt sich am deutlichsten bei der Propolis.
Der Weiselfuttersaft und der Honig weisen gleichfalls eine immunologische Wirkung auf. Die Steigerung des nichtspezifischen Schutzes des Organismus unter Einfluß des Weiselfuttersaftes äußert sich durch die fast doppelte Vermehrung der phagozytischen Zahl (die Anzahl der von den Leukozyten gefressenen Erreger), die zu einem allgemeinen Aufschwung der Lebenskräfte des Organismus führt.

Strahlenschutzeffekt

Strahlenschutzwirkung besitzen sowohl das Bienengift als auch die Propolis.
Zahlreiche experimentelle und klinische Beobachtungen bestätigten den Strahlenschutzeffekt. Anfänglich bestrahlt mit 52,25 Gy und nachträglich auch mit größeren Dosen – bis 90 und mehr Gy – sind die Kranken nicht von starken Strahlenschäden in den therapeutisch bestrahlten Zonen gefährdet. (P. Potschinkova 1976, M. Kern 1978, u.a.). Durch Versuche an Hunden, die nach der Bestrahlung einer Reihe von biochemischen und klinischen Beobachtungen unterzogen wurden, konnte der Strahlenschutzeffekt der Propolis auf blutbildende und andere Organe bestätigt werden (K. Peun 1977).
Von sowjetischen, amerikanischen und japanischen Forschern durchgeführte Beobachtungen an Mäusen, die mit letalen Dosen Röntgenstrahlen bestrahlt wurden, beweisen die Strahlenschutzwirkung auch des Bienengiftes (R. Brooks u.a. 1979).

Detoxizierende Wirkung

Nach den derzeitigen Auffassungen über das Problem des Schutzes des Menschen gegen die ungünstigen Einwirkungen der Umwelt ist es nicht ausreichend, nur die Art des Verunreinigers kennenzulernen, sondern auch seine Wirkung auf den menschlichen Organismus zu verhindern. Dieser Trend betrifft insbesondere die ökologische Prophylaxe, die in erster Linie darin besteht, die positiven Standarde der Umwelt für die menschliche Gesundheit festzulegen und die Adaptierung des Organismus an die ungünstigen Verhältnisse der Umwelt zu sichern.

Die Prophylaxe umfaßt vor allem rationale Ernährung mit natürlichen Nahrungsmitteln, die Eiweißstoffe und Kohlenhydrate enthalten, bereichert durch Mikroelemente und Vitamine, alle natürlichen Ursprungs, d.h. ohne thermische oder andere Bearbeitung. Solche Nahrungsmittel sind imstande, den Organismus vor dem toxischen Einfluß jener Faktoren zu bewahren, die der Umwelt entstammen – der Exotoxine. Bei genügendem Vorhandensein solcher Nahrungsmittel im Organismus werden die Prozesse der Hydrolyse, Oxydation oder Transformation aktiviert. Es steht fest, daß die natürliche Nahrung die Biotransformation der verschiedenen Schadstoffe, die von der Umwelt kommen, beeinflussen, wobei Verbindungen entstehen, die im Wasser löslich sind und in dieser Form von den Nieren ausgeschieden werden. Eine »Vorratskammer« solcher an Mikroelementen und Vitaminen bereicherten Eiweißstoffe und Kohlenhydrate natürlichen Ursprungs sind die Bienenprodukte, von denen von größter Bedeutung der Honig, die Propolis und der Weiselfuttersaft sind. Sie stimulieren die Prozesse der Desintoxation im Organismus, besitzen eine Schutzwirkung gegen den Einfluß der toxisch aktiven Stoffe, die sowohl von der Umwelt als vom Organismus selbst stammen.

Zur Prophylaxe verschiedener Erkrankungen können die hormonale Wirkung des Pollens und des Weiselfuttersaftes, der Einfluß des Bienengiftes auf den Mukopolysaccharidenwechsel und die antianämische Wirkung des Pollens, des Weiselfuttersaftes und des Honigs angewandt werden.

Prophylaxe mit Bienenhonig

Die Zusammensetzung und die Eigenschaften des Bienenhonigs gestatten seine Anwendung von der Volks- und modernen Medizin zur Prophylaxe im allgemeinsten Sinne des Wortes. Das wesentliche dabei ist der Umstand, daß der Honig lebenslang als geeignete und gesunde Nahrung eingenommen werden kann, wobei er gleichzeitig

eine allgemeine sowie streng ausgerichtete prophylaktische Wirkung ausübt.
Es ist kein Zufall, daß seit frühester Zeit der Bienenhonig als »ideales« Nahrungsmittel angesehen wird. Er ist eine Energie- und Gesundheitsquelle für die Menschen jeden Alters. Den Beobachtungen zufolge sind Menschen, die regelmäßig zur Nahrung auch Honig verwenden, ausdauernder und erreichen ein höheres Alter. Allein für sich allerdings bildet der Honig keine vollwertige Nahrung, da er dem Organismus keine plastischen Stoffe, wie Eiweiß und Fette zuführt.
Der Hauptfaktor, der den Honig von den übrigen natürlichen Produkten unterscheidet, ist der Gehalt an Enzymen. Ihre Menge ist bedeutend und sie verfügen über eine hohe fermentative Aktivität. Indem sie gleichzeitig von den Pflanzen und den Bienen selbst herrühren, tragen sie zur regelmäßigen Verdauung im menschlichen Organismus bei. Die Umwandlung der komplizierten Saccharide in einfache (Glykose, Fruktose, Lävulose u.a.), die am leichtesten aneignungsfähige Nahrungsmittel darstellen, erfolgt im Verlauf der Umwandlung des Nektars in Honig – außerhalb und im Körper der Bienen. Sobald nach dem Sammeln der Nektar in den Chylusmagen gelangt, bereichert er sich an Enzymen. Im Bienenstock hält diese Bereicherung an Enzymen von den Verdauungssäften der Bienen nicht an.
Die Enzyme des Honigs stimulieren die Verdauungsprozesse, indem sie die Magen-Darm-Sekretion und die Peristaltik normalisieren. Außerdem tragen die Enzyme im Honig auch zu einer besseren Aneignung der übrigen Nährstoffe bei. Die beste Wirkung zeitigt eine 12,5%ige Lösung von Honig in warmem Wasser oder ein Kräuterabsud.
Das Passieren der Lävulose in der Zellmembran erfolgt ohne Teilnahme von Insulin – aus diesem Grunde ist die Einnahme von kleinen Dosen Honig kennzeichnend für die Prophylaxe der Diabetes und vordiabetischen Zustände. Die Fruktose und Glykose des Honigs steigern die schützende und detoxizierende Funktion der Leber, den Tonus des kardiovaskulären Systems und die Widerstandsfähigkeit des Organismus gegenüber Infektionen.
Die mineralischen Stoffe und die Mikroelemente des Honigs erfüllen eine wichtige physiologische Rolle. In Zusammenwirkung mit einer Reihe von Fermenten, Vitaminen, Hormonen u.a. beeinflussen sie die Gewebsatmung, die Blutbildungsprozesse, die Erregbarkeit des Nervensystems usw. Sie bedingen die Alkalisierung des Organismus, was sich günstig auf den Säuregehalt des Magensaftes auswirkt. Die

Mikroelemente, wenn auch in minimalen Dosen, tragen zur normalen Funktion vieler Organe und Systeme bei: wie z.B. das Kupfer für die Blutbildung, das Jod für die Funktion der Schilddrüse usw.
Die antibiotischen Stoffe gelangen in den Honig, sowohl durch die Pflanzen als auch durch die Bienen. Der aktive Sauerstoff, der sich im Honig unter Einfluß des Fermentes Glycooxydase abscheidet, weist eine antibakterielle Aktivität auf, besonders gegenüber den Mikroorganismen in der Rachenhöhle, der Schleimhaut der Nase sowie der oberen Atmungswege und den Bronchien. Die Konzentration von O_2, die bei den angegebenen Dosen im Blut erreicht wird, ist nicht ausreichend, um eine antibiotische Wirkung auf dem Blutweg zu erzielen. Der Honig wirkt nur dann antibiotisch, wenn er direkt mit dem krankheitsverursachenden Agens in Kontakt gerät, z.B. in den oberen Atemwegen (bei Inhalationen), im Magen, in der Vagina, auf der Haut u.a.
Die Menge der Vitamine im Honig ist nicht wesentlich, daher kann der Honig nicht als Lieferant der für den Organismus nötigen Vitamine gelten, um nötigenfalls das Vitamindefizit auszugleichen. Man muß allerdings bedenken, daß die Menge und die Vitaminzusammensetzung von der Natur der Pflanzen, von denen er gesammelt worden ist, abhängig ist. So enthält z.B. der Pfefferminzhonig am meisten Vitamin C. Die Vitamine im Honig besitzen jedoch eine größere pharmakologische Aktivität als die synthetischen, da ihre Wirkung auf den Organismus nicht bloß von ihrer Menge abhängig ist, sondern auch davon, in was für einem Komplex sie mit den übrigen Vitaminen und Bestandteilen des Honigs auftreten. Bei der Anwendung des Honigs, angesichts seiner vitaminösen Zusammensetzung bei der Behandlung und Prophylaxe mancher hypovitaminösen Zustände, besteht keine Gefahr einer Überdosierung. Parallel dazu wird auch Wert auf seine immunobiologische (verhütende) Aktivität gelegt. Zur regelmäßigen Verwendung in Anbetracht der Erhöhung der Schutzkräfte des Organismus werden die dunklen Sorten vorgezogen (Honigtau), während für die Prophylaxe des Verdauungssystems oder bei Entzündungsprozessen in anderen Organen und Systemen die hellen Honigarten (Akazienhonig u.a.) geeigneter sind.
Der einmalig in hoher Dosis (8 g/kg) oder mehrmals, in nicht sehr unterschiedlichen von der erwähnten Dosis, eingenommene Honig ist imstande, den Organismus zu sensibilisieren (Allergien zu verursachen), während in normalen Dosen (1–2 g/kg), verteilt auf drei- oder mehrmalige Tages- und nächtliche Einnahmen, der Honig günstig auf die Reaktivität des Organismus wirkt. Dieser Umstand ist von

großer Bedeutung für die Prophylaxe gewisser allergischer Erkrankungen (z.B. Bronchialasthma), in welchen Fällen der Honig in der Lage ist, günstige Veränderungen in der Reaktivität des Organismus herbeizuführen.
Die tägliche prophylaktische Dosis Honig für Erwachsene beträgt 60–80 g (2 Suppenlöffel), die dreimal oder mehrmals jeweils 1 oder 2 Stunden vor dem Essen eingenommen wird. Der Honig soll in Wasser oder Kräuterabsud aufgelöst sein. Die Kinderdosis beträgt die Hälfte oder ein Viertel der Dosis für Erwachsene. Auf diese Weise wirkt der Honig nicht nur als Nahrungsmittel, sondern zeitigt auch eine prophylaktisch regulierende Wirkung auf das Verdauungs- und Nervensystem, erhöht dic Schutzeigenschaften des Organismus gegenüber den schädlichen Einflüssen der Umwelt.

Die Prophylaxe mit Honig im Kindesalter

Die ersten Mitteilungen über die Honigeinnahme von Kindern im Stillungsalter stammen von vor 900 Jahren v. u. Z. Es ist bekannt, daß bereits, bevor das Kind angefangen hatte zu saugen, einige Tropfen Honig in seinen Mund eingeführt wurden. Um kräftig und harmonisch entwickelt aufzuwachsen, benötigt der kindliche Organismus leicht aneignungsfähige Nahrungsprodukte, die nicht allzu sehr seine noch nicht gefestigen Enzymsysteme belasten. Ein hervorragendes natürliches Produkt in diesem Sinne ist der Bienenhonig. Er besitzt bedeutende Vorteile gegenüber den übrigen Zuckerarten und trägt zur Vermehrung des Hämoglobins im Blut, zur Beseitigung der Stuhlverstopfung, Zunahme des Gewichtes, verbesserten Aneignung des Kalziums u.a. bei. Unter klinischen Verhältnissen wurde eine zuverlässige Zunahme des Wuchses, der physischen Kräfte, des Gewichts und des Appetits von Kindern mit verzögertem Wachstum festgestellt, die regelmäßig an Vitamin B12 bereicherten Honig erhielten. Dabei nimmt nicht bloß das Gewicht zu, sondern es nehmen auch die Widerstandskräfte, die physische Ausdauer und die geistige Entwicklung zu.
Bei der künstlichen Ernährung von Kindern kann die Kuhmilch mit Honig versüßt werden (6–15%). Bei Frühgeburten erfolgt die Versüßung mit 10% Honig. Die Kohlenhydrate des Honigs werden gut vom Verdauungsapparat der Säuglinge assimiliert, wobei keine faulige Fermentation auftritt, wie dies der Fall bei der Einnahme von Zukker von Kindern mit schwächlichem Enzymsystem des Verdauungsapparates ist.
Für die kleinen Kinder muß die Flasche, in der der Honig aufbewahrt wird, besonders gut gereinigt sein, sogar sterilisiert werden.

Prophylaxe mit Honig bei Ermüdungserscheinungen und Alterungssymptomen
Im Honig wurde das Vorhandensein von Glykutil festgestellt, ein Stoff, der imstande ist, die vollständige Verwertung der Kohlenhydrate von den Muskelzellen zu gewährleisten. Aus diesem Grunde wird angenommen, daß der Honig geeignet ist, den Tonus der Muskeln zu erhalten. Darum wird der Honig für Sportler, für körperlich und geistig Tätige, für ältere Personen u.a. empfohlen.
Die Prophylaxe der Entzündungsprozesse der oberen Atmungswege mit Honig wird für jene Personen empfohlen, die jahreszeitlich bedingt von diesem Leiden gefährdet sind (sie treten gewöhnlich im späten Herbst oder früh im Frühling auf), bei Grippeepidemien, bei Verminderung der Widerstandskräfte des Organismus u.a.m. Die Einnahme erfolgt in täglichen Dosen von 60–80 g Honig (2 Suppenlöffel) jeweils 1–2 Stunden vor dem Essen, aufgelöst in einem Glas warmen Wassers. Die Einnahme des Honigs kann für sich allein erfolgen oder im Kombination mit anderen Bienenprodukten: Pollen, Weiselfuttersaft und Propolis. Die lokale Anwendung des Honigs – das Einführen von erbsengroßen verzuckerten Honigteilchen in die Nasenlöcher oder eines Teelöffels Honig in den Mund unter gewissem Aufhalten wird immer mit den inneren Einnahme von Honig kombiniert. Parallel dazu können Inhalationen mit Honig bei häuslichen oder poliklinischen Bedingungen durchgeführt werden. Beobachtungen zeigen, daß, wenn der Honig 1 ½ Stunden vor der Belastung eingenommen wird, eine wesentliche Erhöhung der Standhaftigkeit eintritt.
Der Honig ist ein wirksames detoxierendes Mittel gegen das Nikotin und kann erfolgreich gegen das Rauchen benutzt werden. Die Nikotisierung der Lungen kann beträchtlich herabgesetzt werden durch die regelmäßige Einnahme von 1–2 Suppenlöffeln (morgens und abends) in warmem Wasser gelösten Honigs.
In der Kosmetik ist die Anwendung von Honigmasken oder Honigcremen zur Prophylaxe der Runzeln und zum Erhalten der Gesichtshaut in frischem und reinem Zustand stark verbreitet.

Prophylaxe mit Pollen

Der Bienenpollen enthält im Vergleich zu den anderen Bienenprodukten die meisten Vitamine, auch die wertvollen ersetzbaren und nichtersetzbaren Aminosäuren, Mineralsalze, Enzyme u.a. Seine mannigfaltige Zusammensetzung und die wertvollen in ihm enthaltenen biologischen Nährstoffe geben genügend Anlaß dazu, ihn als hochwertige Zugabe zu der Nahrung von Kinder und Erwachsenen zu benutzen. Selbständig, in Kombinationen mit anderen Bienenprodukten oder als Komponente der allgemeinen prophylaktischen Mittel eingenommen, ist er sehr geeignet für Rekonvaleszenten, Erschöpfte und von schwerer körperlicher und geistiger Arbeit übermüdete Personen.

Es wurde festgestellt, daß der Pollen trotz seiner hochmolekularen Eiweißzusammensetzung eine nicht sehr bedeutende Neigung zur Allergisierung des Organismus besitzt. Praktisch stellt seine perorale Einnahme keine besonderc Gefährdung des Organismus dar. (Diese Art der Einnahme ist die ungefährlichste.) Bei der Prophylaxe mit Bienenpollen müssen einzig jene vorsichtig sein, die an Heuschnupfen leiden oder sehr empfindlich sind gegenüber manchen Nahrungsmitteln. Mit prophylaktischem Zweck werden täglich 20 g (zwei nicht volle Teelöffel) zweimal jeweils 1 1/2 Stunden vor dem Essen eingenommen.

Seine antibiotische Wirkung, inbesondere auf die Entwicklung der Bakterien im Darm (stärker ausgeprägt bei den gramnegativen Bakterien wie Escherichia coli, Salmonella enteritidis, Proteus vulgaris u.a.), Erreger der Magen-Darm-Erkrankungen, und Infektionen der Nieren haben ihm mit Grund den Ruhm als »Wächter des Magen-Darm-Traktes« eingebracht. Dies teilt ihm eine besondere Rolle bei der Prophylaxe von Störungen der Darmflora zu, die auf medikamentöser Ursache beruhen oder infolge verschiedener Erkrankungen auftreten. Bei der Behandlung mit den üblichen Antibiotika erweist er sich als mächtiger Faktor gegen das Eintreten einer Disbakteriose.

Der Pollen besitzt eine experimentell und klinisch nachgewiesene stimulierende Wirkung auf die Regeneration besonders des Lebergewebes. Seine Schutz- und detoxierende Funktion macht ihn sehr geeignet für die Prophylaxe von Personen, die an Hepatitis gelitten haben, infolge der Behebung der Gefahr der Chronisierung, sowie anderer nachhepatischen Komplikationen. Der Pollen findet Anwendung nach Leberoperationen und bei Herzkranken mit stagnierender Leber.

Der ausgeprägte anabole aufbauende Effekt des Bienenpollens ist von Bedeutung für die Prophylaxe von körperlich und geistig erschöpften Organismen, bei verzögertem Wachstum von Kindern. Die im Pollen enthaltenen Hormone üben eine biostimulierende

Wirkung auf die Drüsen mit innerer Sekretion aus. Im Zusammenhang damit ist der Bienenpollen geeignet für die Prophylaxe der Hypertrophie der Prostata bei Männern und der klimakterischen Störungen bei Frauen. Es darf aber nicht außer acht gelassen werden, daß die Prophylaxe vorläufig und langfristig durchgeführt werden muß.
Der Pollen kann prophylaktisch auch zum Vorbeugen einer Gehirn- oder generalisierenden Atherosklerose bei älteren Menschen und dazu veranlagten angewandt werden, dank seines Vermögens, günstig auf den Zustand der Blutgefäße, d.h. ihrer Elastizität zu wirken. Er kann selbständig oder in Kombination mit anderen Bienenprodukten mit antisklerotischer Wirkung (Weiselfuttersaft, Propolis und Honig) angewandt werden.
Vorteilhafter ist es, Pollen aus den Wachszellen zu benutzen.

Prophylaxe mit Weiselfuttersaft

Der Weiselfuttersaft enthält alle wesentlichen Stoffe, die zum Aufbau des lebenden Organismus von Bedeutung sind: Kohlenhydrate, Fette und Eiweißstoffe. Der Gehalt an Aminosäuren, besonders Gamma-Globulin, steigert die Resistenz des Organismus, während die Gelatine – die Hauptkomponente der Gefäßwand – zu ihrer Festigkeit beiträgt. Der Weiselfuttersaft enthält außerdem ein breites Spektrum Vitamine, Mikroelemente, Hormone sowie weitere noch nicht gründlich erforschte biostimulierende Stoffe.
Der Weiselfuttersaft besitzt eine nachgewiesene immunoregulierende Wirkung, d.h., er wirkt normalisierend auf die aus verschiedenen Gründen veränderte Reaktivität des Organismus. Diese Tatsache wird bei der Prophylaxe von Erkrankungen wie chronische Polyarthritis, Bronchialasthma, Nephritis u.a. berücksichtigt. Im Zusammenhang damit wird der Weiselfuttersaft bei von diesen Erkrankungen Gefährdeten sowie in den Zwischenanfallperioden angewandt. Er wird längere Zeit (2–3 Monate) sowohl selbständig als auch in Kombination mit anderen Bienenprodukten (Honig, Pollen und Propolis), aber auch in Kombination mit anderen vorbeugenden Maßnahmen (medikamentöse Behandlung, Sonnenkur, Klimatotherapie u.a.) eingenommen. Der Weiselfuttersaft erhöht den nichtspezifischen Schutz des Organismus. Er ruft eine Wiederbelebung hervor – einen allgemeinen Aufschwung der Lebenskräfte. Seine stimulierende Wirkung äußert sich in einer verstärkten Gewebeatmung, die zu einer verbesserten Nutzung der freigesetzten Energie beim Stoff-

wechsel führt. Er steigert die körperliche Ausdauer des Organismus bei Überbelastungen und Erkältung und erhöht die Widerstandskräfte. Aus diesem Grund wird der Weiselfuttersaft bei der Prophylaxe von Übermüdungserscheinungen, gegen Anfälligkeit von häufigen Erkältungen und Erkrankungen angewandt.
Der Weiselfuttersaft wirkt gonadotrop (anregende Wirkung auf die Keimdrüsen), deshalb kann er bei klimakterischen Störungen bei der Frau oder bei Potenzschwäche des Mannes angewandt werden.
Der Weiselfuttersaft weist eine antisklerotische Wirkung auf. Er ist geeignet für eine vorläufige Vorbeugung gegen Gehirn- und Herzsklerose, sowie gegen eine Sklerose der unteren Extremitäten, ebenso wie gegen ihre generalisierte Form. Diese Eigenschaft des Weiselfuttersaftes kann auch gegen Gehirn- und andere Gefäßkrämpfe (Störungen des Gehirnkreislaufes, Stenokardie u.a.) und deren Folgekomplikationen genutzt werden.
Die biostimulierende Wirkung sowie die tonisierenden Eigenschaften des Weiselfuttersaftes geben Anlaß dazu, denselben mit vorbeugendem Ziel bei frühzeitigen Alterserscheinungen von Menschen mittleren Alters, wie z.B. beginnende Gehirnarteriosklerose, begleitet von Asthenie (Kraftlosigkeit), erhöhter Emotionalität u.a. chronische geriatrische Erscheinungen, zu empfehlen.
Bei Verwendung des Weiselfuttersaftes als vorbeugendes Mittel muß beachtet werden, daß die hohen Dosen imstande sind, die Funktionen des Organismus zu unterdrücken, während im Gegenteil die geringen Dosen die Funktionen stimulieren. Als vorbeugend werden Dosen von 80–100 mg zweimal täglich eingenommen. Japanische Autoren empfehlen höhere Dosen – bis zu 250 mg täglich. Jährlich werden zwei vorbeugende Kurse mit einer Dauer von ein bis zwei Monaten durchgeführt.
Dank seiner Eigenschaften ist der Weiselfuttersaft für prophylaktische Anwendung bei Kindern zur Verbesserung des Wachstums und Steigerung ihrer Widerstandskräfte geeignet. Die tägliche Dosis in Abhängigkeit vom Alter des Kindes (5, 10 oder 20 mg) wird gewöhnlich zweimal verabreicht. Bei Säuglingen werden Stuhlzäpfchen verwendet.

Prophylaxe mit Propolis

Die Propolis ist pflanzlichen Ursprungs. Sie enthält jene Stoffe, die den Bioschutz der Pflanzenwelt gegenüber ungünstigen Bedingungen und Feinden (mechanische Traumata, Radiation, Mikroorganismen u.a.) gewährleisten.
Die wesentlichen Heilkomponenten der Propolis bilden die in ihr in freiem Zustand enthaltenen Flavonoide. Außerdem enthält sie verschiedenartige Mineralstoffe und Mikroelemente, in geringen Mengen Aminosäuren, Vitamine, Enzyme (die von den Bienen stammen) u.a.
Die Propolis besitzt eine stark ausgeprägte antibiotische Wirkung gegenüber vielen und verschiedenen Mikroorganismen, Viren, Pilzen und besonders gegenüber grampositiven Bakterien. Bei Einnahme von Propolis erreichen die Konzentrationen im Blut nicht ein ausreichendes Niveau, um auf dem Blutwege die erforderliche antibiotische Wirkung zu gewährleisten, da aber, wo die Propolis in direkten Kontakt mit dem Krankheitserreger gebracht werden kann (in den oberen Atemwegen, im Magen-Darm-Trakt, in der Scheide), weist sie eine starke Wirkung auf.
Die Propolis wird bei der Prophylaxe von Entzündungserkrankungen der Schleimhaut der Nase, der Rachenhöhle, der oberen Atmungswege usw. angewandt. Die Prophylaxe soll im Frühjahr oder im Herbst durchgeführt werden, in jenen Jahreszeiten, in denen Rückfälle von Bronchiten, Rachenentzündungen und Sinusitis (Nebenhöhlenentzündungen) u.a. auftreten. Bei Grippeinfektionen oder Erkältungen ist es gleichfalls angebracht, eine Prophylaxe gegen die erwähnten Erkrankungen mit Propolis zu beginnen, da unter solchen Umständen oft Rückfälle eintreten. Die Propolis wird als Alkohol-Öl-Emulsion (1:2) angewandt, vorbereitet als Nasentropfen auf Glyzerinbasis, öligem Vitamin »A« u.a. Parallel zur lokalen Anwendung wird in schweren Fällen auch die Verabreichung durch den Mund empfohlen (15–20 Tropfen 20%iger Alkoholextrakt, in einem Löffel warme Milch oder warmes Wasser dreimal täglich 1–2 Stunden vor dem Essen) im Laufe von 10–15 Tagen. Zum gleichen Zweck kann auch eine 15%ige Propolis-Honigpaste dreimal täglich jeweils ein Teelöffel voll angewendet werden.
Dank ihrer regenerativen, schmerzstillenden und die Magensekretion normalisierenden Wirkung kann die Propolis auch vorbeugend im Frühjahr und im Herbst, wenn gewöhnlich die Magen- und Duodonalgeschwüre von neuem aufflackern, angewendet werden. Zur

Prophylaxe werden geringere Dosen (15–20 Tropfen 20%iger Alkoholextrakt) dreimal täglich vor dem Essen im Laufe von 10–15 Tagen empfohlen.
Zur Prophylaxe von Parodontopathien (Erkrankungen des Halteapparats der Zähne mit eitrigen Entzündungen, die zu Lockerwerden und Ausfallen der Zähne führen können) wird Massage des Zahnfleisches mit Propolissalbe oder Alkohol-Öl-Emulsion empfohlen. Die Volksmedizin empfielt das Kauen von Propolis oder zu gleichen Teilen Propolis und Bienenwachs abends vor dem Schlafengehen, und zwar 10–15 Minuten. Die Prophylaxe wird jeden Monat eine Woche lang durchgeführt.
Die Antientzündungswirkung sowie der Einfluß auf die Stärkung der Gefäßwände als auch die antithrombotische und die Mikrozirkulation fördernde Wirkung der Propolis, sind der Grund für ihre Anwendung zur Vorbeugung der Atherosklerose in ihren generalisierten und lokalen Formen. Im ersten Fall wird die Propolis durch den Mund eingenommen, während bei der Prophylaxe der Venenentzündungen (Thrombophlebitis) die perorale Einnahme mit einer lokalen Anwendung – Einsalbung mit Propolis enthaltenden Salben kombiniert wird. Die Propolis kann selbständig oder in Kombination mit den anderen Nähr- und Heileigenschaften besitzenden Bienenprodukten – Honig, Pollen und Weiselfuttersaft – angewandt werden, die gleichfalls antisklerotische Eigenschaften aufweisen. Die Prophylaxe der Arteriosklerosis muß weit voraus beginnen, muß längere Zeit andauern und systematisch durchgeführt werden. Sie wird in Form von 20tägigen Kursen zweimal jährlich durchgeführt, und zwar 15–20 Tropfen von 15–20%igem Alkoholextrakt von Propolis unter Beigabe von 20 g Pollen. Der Weiselfuttersaft wird in Dosen von 80–100 mg täglich selbständig oder in Kombination mit Honig und Pollen eingenommen. Auf diese Weise erhält man einen »Cocktail« von Bienenprodukten, die eine antisklerotische Wirkung besitzt. Die prophylaktische Einnahme von Propolis – selbständig oder in Kombination mit den anderen Bienenprodukten Honig, Pollen und Weiselfuttersaft – zur Stärkung des Organismus wird am erfolgreichsten im April, Mai und Juni durchgeführt.

Prophylaxe mit Bienengift

Das Bienengift spielt eine grundlegende Rolle bei der Prophylaxe von Gelenkerkrankungen mit Entzündungs- (Arthritis) oder degenerativem (Arthrosis) Charakter. Bekanntlich leiden die Imker kaum an Gelenkerkrankungen und wenn schon, dann in ganz schwacher Form.

Im Mechanismus der prophylaktischen Wirkung des Bienengiftes bei entzündlichen Gelenkerkrankungen (Rheumatismus und Arthritis) haben die antientzündungs- und die schmerzstillenden Eigenschaften einen wesentlichen Anteil. Parallel dazu führt das Bienengift zu einer Erhöhung der Resistenz des gesamten Organismus, sowie zur Stärkung der Kapillaren und übt einen günstigen Einfluß auf das Nervensystem aus. Die Prophylaxe dieser Leiden wird in den Perioden zwischen den Anfällen durchgeführt mit dem Ziel, den Anfällen und dem Entwicklungsprozeß vorzubeugen. Das Bienengift wird dem Organismus durch Stiche oder Injektionen zugeführt, und zwar in verringerten Dosen und in kurzen Zeitabschnitten, gewöhnlich im Herbst oder im Frühjahr, sowie bei Erkältung u.a.m.

Bei degenerativen Gelenkerkrankungen (Arthrosen, Spondylarthrosen) wird die Prophylaxe mit Bienengift in Form von Kursen mit äußerlicher Anwendung von Salben mit Bienengift, teilweise Bäder oder durch Einführung des Giftes mit Hilfe von galvanischem Strom oder Ultraschallenergie (Elektrophorese und Phonophorese) durchgeführt (s. physiotherapeutische Methoden). Bei Elektrophorese kann als Medium zum Schutz der Heileigenschaften des Giftes Honig verwendet werden.

Bei der Prophylaxe der Gelenkerkrankungen kann parallel zur Bienengiftbehandlung auch Weiselfuttersaft und Propolis in üblichen Gaben eingenommen werden. Gleichzeitig ist die langfristige Einnahme von Bienenhonig empfohlen.

Bei Erkrankungen des peripheren Nervensystems (bei rückfälliger Radikulitis, ihrer Lokalisation nach verschiedenen Neuralgien, Plexitis, Ischias u.a.) werden Vorbeugungsmaßnahmen mit Hilfe von Bienengift in der Periode ergriffen, in der ein Anfall erwartet wird. Hierbei wird das Bienengift durch Salben, Elektrophorese oder durch Injektierung in den Organismus eingeführt, wobei das Gift in besonders geeignete biologisch aktive Punkte eingeführt wird. Diese Behandlungsdauer ist kurzfristig.

Das Bienengift wird im Zusammenhang mit seinen antientzündungs- und antithrombotischen Eigenschaften bei Trombophlebiten

und anderen Gefäßerkrankungen der unteren Extremitäten verwendet. Es wird äußerlich, durch Injektionen oder auf elektrophoretischem Wege angewandt. Hierbei werden die Gaben geringer gehalten. Es ist ratsam, die Prophylaxe bei gleichzeitiger Anwendung auch anderer Bienenprodukte mit antisklerotischer Wirkung (Pollen, Weiselfuttersaft, Honig und Propolis) in geringen Dosen anzuwenden. Dank ihrer günstigen Zusammensetzung und biologischen Eigenschaften sind die Bienenprodukte sehr geeignet für prophylaktische Zwecke. Selbständig oder im Komplex angewandt sind sie imstande, die vitalen Prozesse zu stimulieren, und die natürlichen Schutzkräfte des Organismus zu steigern, damit er in die Lage gesetzt wird, den äußeren und inneren Bedingungen zu widerstehen. Diese Wirkung kann mit der jahrtausendalten Entwicklung des phylogenetisch bedingten biologischen Schutzes der Pflanzenwelt und der daraus entstehenden Wirkung auf Bienen und Menschen gedeutet werden. Die Wirkung der Bienenprodukte auf den Menschen ist physiologischer Art, und daher besteht keine Gefahr von toxischen Schädigungen und Überbeanspruchungen, wie es der Fall bei der Anwendung von Synthesepräparaten und gewissen Nahrungsmitteln (Zucker) ist. Der Heil- und prophylaktische Effekt wird bei länger andauerndem Genuß erreicht.
Der auf experimentellem und klinischem Weg von polnischen (1985) und japanischen Autoren (1985) festgestellte antitoxische Effekt des Weiselfuttersaftes und des Honigs bietet weitreichende Möglichkeiten für ihre Anwendung in der Prophylaxe gegenüber den Umwelteinflüssen. Zu diesem Zweck muß der Bienenhonig unter Beigabe von Weiselfuttersaft täglich als natürliches, gesundheitsförderndes Nahrungsmittel genossen werden. Der Honig ist ein diätetisches, wertvolles natürliches Nahrungsmittel, das den Menschen seit seiner Entstehung bis heute begleitet hat. Neben dem Weiselfuttersaft enthält er alle für die richtige Entwicklung und Aufbau des menschlichen Körpers erforderlichen Stoffe und kann von Erwachsenen sowie von Kindern genossen werden. Diese Produkte werden in natürlichem, nicht vorbereitetem Zustand eingenommen, aus welchem Grunde sie ihre Schutzwirkung gegenüber den ungünstigen Einflüssen der Toxine der Umwelt beibehalten.
Die Bienenprodukte wirken in einer Richtung, wobei sie sich gegenseitig ergänzen und ihre Wirkung auf den menschlichen Organismus steigern. Darin liegt die Ursache ihrer gleichzeitigen oder aufeinanderfolgenden Einnahme. Einzig der Alkoholextrakt der Propolis darf erst 1–1 ½ Stunde nach Einnahme der anderen Bienenprodukte ver-

abreicht werden, da widrigenfalls der Alkohol imstande ist, gewisse Eiweißheilstoffe der übrigen Bienenprodukte zu denaturieren.
Die Bienenprodukte müssen bei entsprechenden Bedingungen aufbewahrt werden, da sie sonst dem Verderb unterliegen.
Obwohl die Bienenprodukte mit ihren Heilvorbeugungen und Nahrungseigenschaften unschädlich und physiologisch wirksam sind, dürfen sie in Anbetracht von Unverträglichkeit und selten vorkommender Allergisierung des Organismus nur auf Verordnung des behandelnden Arztes angewandt werden.

Teil IV
Anwendung von Bienenprodukten bei verschiedenen Gruppen von Erkrankungen

Erkrankungen des Atmungssystems

Akute und chronische Rhinitis (Schnupfen, Nasenkatarrh)

Die akute Rhinitis wird gewöhnlich durch hämolitische Streptokokken, Pneumokokken u.a. verursacht. Sie äußert sich durch Unwohlsein, Kopfschmerzen, verstopfte Nase und reichliche Ausscheidung von Sekreten – anfänglich sind sie dünnflüssig, nachträglich werden sie eitrig. Rhinitis kann auch die anfängliche Äußerung der Grippenerkrankungen sein.

Die chronische Rhinitis wird durch eine Chronifizierung (sich langsam entwickelnde) akuter Rhinitis hervorgerufen, oder sie ist bedingt von infektiösen Herden in der Rachenhöhle, und im Schlund bei anhaltender Einwirkung von Staub, Gasen und Tabakrauch u.a. Anfällige Momente für das Auftreten des Leidens sind die chronischen Erkrankungen des Herzes und Kreislaufes, die Katarrhe der oberen und unteren Atmungswege, Störungen im Stoffwechsel u.a. Die Symptome der katarrhalen und hyperthrophischen Form sind verstopfte Nase, reichliche flüssige Absonderungen von Sekreten, während die atrophische Form sich durch Trockenheit in Nase und Rachen, dichte, eitrige Absonderungen, abnehmenden Geruchsinn, chronische Kopfschmerzen u.a. äußert.

Zur Heilung der chronischen und akuten Rhinitis werden folgende Bienenprodukte und Methodiken angewandt:

a) Bienenhonig

1. Lokale Applikationen. Verzuckerter Honig in Erbsenform und Größe wird in beide Nasenlöcher bei stark nach hinten gebeugtem Kopf eingeführt. Die Prozedur wird zwei- bis dreimal täglich wiederholt.
2. Inhalationen. Verwendet wird eine 30%ige wäßrige Lösung von Honig. Die Zerstäubung erfolgt mit Kompressoren oder unter häuslichen Bedingungen durch Wärmeverdampfung (s. physiotherapeutische Methoden).
3. Elektrophorese nach direkter oder indirekter Hohlraummethodik. In beide Nasenlöcher werden in 30%iger wäßriger Lösung von Honig eingetauchte Tampons eingeführt. Die mit dem Apparat verbundenen hydrophilen Pölsterchen kommen in Berührung mit den Tampons (direkte Methodik) oder machen keinen Kontakt (indirekte Methode) (s. physiotherapeutische Methoden).
4. Interne Anwendung. Für diesen Zweck sind der Linden-, Berg- oder Weidenhonig am günstigsten. Die tägliche Gabe beträgt 90–100 g, die dreimal vor dem Essen eingenommen werden. Die interne

Anwendung ist eine obligatorische Voraussetzung für die lokale Anwendung.

b) Propolis

1. Lokale Anwendung. Die Propolis wird in Form einer 10–15%igen Salbe angewandt, mit der die Nase von innen und außen einige Male täglich reichlich eingerieben wird; ebenso wie die Nasennebenhöhlen und die Stirn. Angewandt werden auch Nasentropfen einer alkohol-öligen Emulsion (1:2), von der 5–6 Tropfen mehrmals täglich in die Nasenlöcher eingeführt werden (s. Propolis).

2. Inhalation mit Propolis. Verwendet werden entweder eine alkohol-wäßrige (1:10), eine alkohol-ölige Emulsion (1:2) oder wäßriger Extrakt von Propolis (10%). Angewandt werden Kompressionsapparate. Es können aber auch »warm-trockene« Inhalationen mit Propolis unter häuslichen Bedingungen durchgeführt werden (s. physiotherapeutische Methoden).

3. Elektrophorese mit Propolis. Verwendet werden eine alkohol-wäßrige (1:10), eine alkohol-ölige Emulsion (1:2) oder 10%iger Wasserextrakt von Propolis. Anwendung finden die direkte oder indirekte Hohlraummethodik (s. physiotherapeutische Methoden).

c) Komplexe Anwendung

Die Behandlung der chronischen Rhinitis erfordert eine länger andauernde Einwirkung, darum wird die Kombination von mehreren Bienenprodukten und verschiedenen Formen der Anwendung empfohlen: z.B. Elektrophorese mit Propolis und Einnahme von Honig, Weiselfuttersaft und Pollen; Aerosol mit Honig in Kombination mit lokaler Anwendung von Propolis; Elektrophorese mit Propolis oder Honig, in Kombination mit Inhalationen unter häuslichen Bedingungen u.a.

Akute und chronische Sinuitis

Die Sinusite sind eine Folge von Infektionen (Grippe, Katarrhe der oberen Atmungswege, Zahnkaries, adenoide Vegetationen u.a.). Sie machen sich bemerkbar durch ein Gefühl von Schwere und Schmerzen in der entsprechenden Nasennebenhöhle, allgemeines Unwohlsein, oft mit Fieber und Kopfschmerzen, verstopfter Nase und reichlichen Sekretionen begleitet. Das Röntgenbild zeigt einen positiven pathologischen Befund.

Zur Behandlung der Sinusite wird Honig, Propolis und Weiselfuttersaft nach folgenden Methodiken angewandt:

a) Lokale Anwendung

Die Propolis wird als Nasentropfen in Form einer alkohol-öligen Emulsion (1:2, 1:1) oder als 20%ige Salbe zum Einreiben der Nase von innen und außen angewandt. Zur Ausspülung der Sinusse nach den Routinemethodiken wird ein wäßriger Extrakt (10%) oder eine alkohol-wäßrige Emulsion (1:10, 1:5) angewandt.

Verzuckerte Honigkügelchen in Erbsengröße werden in beide Nasenlöcher 3–4 mal täglich eingeführt. Bei Reiz kann 1% Anästhesin hinzugefügt werden oder die Nasenlöcher können vor der Behandlung mit einer Propolissalbe eingerieben werden.

b) Physiotherapeutische Anwendung

(s. physiotherapeutische Methoden)

Elektrophorese mit Bienenhonig oder mit Propolis. Beide Produkte werden nach der direkten oder indirekten Methode, eingeführt.

Inhalationen

Zur Anwendung kommen Aerosole aus Honig, Propolis oder Weiselfuttersaft, die durch Kompressionszerstäubung erhalten werden. Benutzt wird eine 30%ige wäßrige Lösung von Honig, eine alkoholwäßrige (1:10, 1:5) oder alkohol-ölige (1:2, 1:1) Emulsion von Propolis, sowie ein wäßriger Extrakt von Propolis (10%). Der für Inhalationen bestimmte Weiselfuttersaft wird vor Beginn der Behandlung in Wasser gelöst (für eine Inhalation sind 15–20 mg Weiselfuttersaft nötig). Der Weiselfuttersaft kann in natürlichem, konserviertem (in Honig oder 45%igem Alkohol) oder in lyophilisiertem Zustand angewandt werden.

Unter häuslichen Umständen können Dampfinhalationen mit Honig und Propolis einzeln oder kombiniert sowie »warm-trockene« Inhalationen mit Bienenwachs oder Wachs und Propolis (60 g und 40 g) durchgeführt werden.

Wärmeprozeduren

Auf die Zonen der angegriffenen Sinusse werden Plättchen aus Wachs oder Wachs und natürlicher Propolis (10–15%) in warmem Zustand aufgelegt. Die Behandlung dauert 15–20 Minuten und wird gewöhnlich abends durchgeführt.

c) Komplexe Anwendung

Empfohlen wird die Kombination mehrerer Bienenprodukte (z.B. Propolis mit Honig oder Propolis mit Weiselfuttersaft) und mehrere Verfahren (wie z.B. Inhalationen mit Wärmebehandlung u.a.). Gleichzeitig mit der physiotherapeutischen Anwendung kommt auch innere Aufnahme zur Anwendung (Honig, Propolis, Pollen u.s.w.) und zwar in Hinsicht auf eine Verbesserung der immunobiologischen Prozesse im Organismus.

Angina, akute und chronische Pharyngite

Die Angina ist in erster Linie eine infektiöse Entzündung insbesondere der Gaumenmandeln. Es handelt sich hierbei um eine adenoide Virus- oder mikrobielle Infektion. Bei den Kindern ist sie oft ein Symptom für akute infektiöse Erkrankungen (wie z.B. Grippe, Scharlach u.a.). Sie äußert sich durch Schmerzen beim Schlucken, hohem Fieber, schmerzhaften und vergrößerten Lymphknoten im Hals. Die Gaumenmandeln sind angeschwollen, gerötet und enthalten manchmal Beläge.

Die Pharyngite sind Entzündungen der Rachenschleimhaut. Sie werden durch Infektionen, langdauernde Einwirkung von Staub, Tabakrauch, Berufsschäden u.a. verursacht. Sie äußern sich durch unangenehmen Reiz (Brennen, Kratzen), Schmerzen, Gefühl von Trockenheit, Fremdkörpergefühl und Stechen besonders beim Leerschlukken.

Zur Heilung dieser Erkrankungen werden vornehmlich die Propolis und der Honig nach folgenden Verfahren angewandt.

a) Lokale Applikationen

1. Bei stark nach hinten gebeugtem Kopf werden in beide Nasenlöcher verzuckerte erbsengroße Honigkörner eingeführt oder 5–6 Nasentropfen aus alkohol-öliger Emulsion (1:1, 1:2) von Propolis verwendet. Allmählich rinnt der Honig sowie die Tropfen hinunter zum Schlund. Diese Prozedur wird täglich einige Male wiederholt.

2. Lutschen von verzuckertem Honig oder von Propolishonigpaste und zwar vom Inhalt eines Teelöffels. Lutschen eines mit alkoholwäßriger Emulsion (1:10) von Propolis oder wäßriger Honiglösung (50%) getränkten Tampons. Diese Behandlung wird mehrmals täglich wiederholt.

Lutschen eines erbsengroßen Stückchens natürlicher Propolis, ohne daß das Stückchen die Zähne berührt, um nicht daran kleben zu bleiben. Auf diese Weise wird reichlich Speichel abgesondert, der in den Hals gelangt.

3. Gurgeln mit Propolis-Wasser-Extrakt (10%), alkohol-wäßriger Emulsion (1:100) von Propolis oder 30%iger wäßriger Lösung von Honig.

b) Physiotherapeutische Anwendung
(s. physiotherapeutische Methoden)
Elektrophorese
Zu diesem Zweck wird Propolis und Bienenhonig verwendet. Angewandt wird die indirekte Hohlraummethodik. Der Kranke nimmt in seinen Mund ein in wäßrigem Extrakt (10%) oder in alkohol-wäßriger Emulsion (1:10) von Propolis getränkten Tampon. Mit dem gleichen Zweck kann auch eine 30%ige wäßrige Lösung von Honig angewandt werden. Die besten Ergebnisse werden bei der gleichzeitigen Anwendung von Propolis-Honig-Paste (10–15%) erzielt. Ein Teelöffel dieser Paste wird eine Zeitlang im Mund gehalten und allmählich nach unten in den Rachen versetzt, solange die Elektrophorese dauert.
Inhalationen
Mit Hilfe von Kompressionsapparaten werden Aerosole von 30%iger wäßriger Lösung von Honig, alkohol-wäßriger (1:10) oder alkohol-öliger (1:2) Emulison von Propolis erhalten. Für die Apparate ist es am besten, 10%igen wäßrigen Extrakt von Propolis zu verwenden. Inhalationen werden auch als Dampfinhalationen mit Honig oder Propolis oder »warm-trockene« Inhalationen mit Bienenwachs oder Wachs und Propolis unter häuslichen Bedingungen vorgenommen.

c) Komplexe Anwendung
Die lokale und physiotherapeutische Anwendung der Bienenprodukte wird mit einer peroralen Einnahme von Honig (90–100 g täglich), Pollen (30–35 g täglich) und Weiselfuttersaft (100 mg täglich) kombiniert. Empfohlen wird die Kombination verschiedener Bienenprodukte und verschiedener Verfahren ihrer Verabreichung.

Akute und chronische Laryngite (Kehlkopfentzündungen) und Laryngotracheite (Entzündungen des Kehlkopfes und Luftröhre)
Die akuten Prozesse werden durch Infektionen, Erkältung, Einatmung von Reizstoffen oder Überanstrengung der Stimmbänder u.a. verursacht. Die chronischen Prozesse sind durch einen nicht völlig geheilten oder rückfälligen Prozeß, lang andauernde Einwirkung von Reizstoffen, Staub, Tabakrauch u.a. bedingt. Die Äußerungen sind ein trockener Husten, heisere Stimme, Gefühl der Trockenheit im Schlund u.a.
Zur Heilung dieser Erkrankungen werden Bienenhonig, Propolis und Weiselfuttersaft als Inhalationen verwendet (s. physiotherapeutische Methoden).

Die Aerosolinhalationen mit Hilfe von Kompressionsapparaten werden mit relativ größeren Aerosolpartikelchen durchgeführt, die für die Behandlung der oberen Atmungswege geeignet sind. Benutzt wird 30%ige wäßrige Lösung von Honig, 10%iges Extrakt von Propolis oder alkohol-wäßrige (1:10) sowie alkohol-ölige (1:2) Emulsion von Propolis. Der Weiselfuttersaft (15–20 mg) wird in natürlichem, konserviertem oder lyophilisiertem Zustand, unmittelbar vor der Prozedur in 10–15 ml destilliertem Wasser gelöst, verwendet.
Unter häuslichen Umständen werden Dampfinhalationen mit Propolis oder Honig, oder »warm-trockene« Inhalationen mit Bienenwachs und Propolis durchgeführt.
Die lokale Therapie wird nebst peroraler Einnahme von Honig, Pollen oder Weiselfuttersaft zwecks Stimulierung des gesamten Organismus durchgeführt.

Akute und chronische Bronchite und Tracheobronchite

Die Bronchite sind akute oder chronische Entzündungen der Bronchialschleimhaut, begleitet von schleimiger oder schleimig-eitriger Exsudation, die in Form von Auswürfen abgesondert wird. Die häufigste Ursache für diese Erkrankung ist eine Infektion, doch kann sie auch auf toxischer Grundlage beruhen (Tabakrauch, Staub u.a.), oder von parasitärem oder allergischem Einfluß hervorgerufen werden. Gewöhnlich wird die Bronchitis von einem Entzündungsprozeß der Trachea (Luftröhre) begleitet. Es treten Husten und Auswürfe auf.
Zur Behandlung werden folgende Bienenprodukte angewandt: Bienenhonig, Propolis und Bienenwachs, die eine Anwendung wie folgt finden:

a) Inhalationen mit Honig und Propolis
(s. physiotherapeutische Methoden)
Die Inhalationen werden mit Hilfe eines Kompressions- oder Ultraschallgeräts durchgeführt. Hierbei wird 30%ige wäßrige Lösung von Honig verwendet. Am geeignetsten ist der Wasserextrakt (10%) von Propolis. Für die Ultraschallgeräte ist ein vorläufiges Filtrieren der Lösungen erforderlich. Täglich werden 1–2 Behandlungen mit einer Dauer von 10–15 Minuten im Laufe von 15–20 Tagen durchgeführt. Dampfinhalationen mit Propolis oder Honig sowie »warm-trockene« Inhalationen werden unter häuslichen Bedingungen durchgeführt.

b) Perorale Einnahme von Honig und Propolis
Der Honig wird sechsmal täglich, insgesamt 100–120 g in warmer

Milch eingenommen. Die Propolis in Form eines Alkoholextrakts (30%) wird dreimal täglich in einem Löffel warme Milch oder auf einem Stückchen Zucker in Dosen von 30–40 Tropfen eingenommen. Vorzuziehen sind dem Wasserextrakte (10%) von Propolis, davon sind 1–2 Suppenlöffel 1½ Stunden vor dem Essen dreimal täglich, einzunehmen.
Für Kinder im Alter von 7–14 Jahren werden 10–15 Tropfen 30%igen Alkoholextraktes dreimal täglich vor dem Essen empfohlen, während für Kinder von 1–7 Jahren für jede Einnahme soviel Tropfen empfohlen werden, die der Anzahl der Jahre des Kindes entsprechen. Die Tropfen werden in Honig, warmer Milch oder ähnlichem eingenommen, und zwar vor dem Essen. Der Honig und die Propolis können selbstständig oder kombiniert angewandt werden.

c) Externe Anwendung von Bienenwachs
Empfohlen wird die Anwendung von Wachs- oder Wachs-Propolis-Pflastern (5–10%). Leicht erwärmt wird das Pflaster vorn auf die Brust oder hinten zwischen die Schulterblätter aufgelegt. Die Behandlung dauert zwischen 12 und 24 Stunden und wird gewöhnlich in den Nachtstunden durchgeführt (s. physiotherapeutische Methoden).

d) Elektophorese mit Propolis oder Honig
Bei chronischer Bronchitis ist die Anwendung von Elektophorese mit alkohol-wäßriger Emulsion (1:10) oder Wasserextrakt (10%) von Propolis, sowie 20%iger Honiglösung sehr geeignet. Die Elektrophorese wird nach der Quermethodik im Laufe von 15–20 Minuten bei 15–20tägigen Behandlungen durchgeführt (s. physiotherapeutische Methoden).

e) Komplexe Anwendung
Empfohlen wird die Kombination von mehreren Bienenprodukten und mehreren Anwendungsmethoden. Die gleichzeitige perorale Verabfolgung von Honig, Propolis u.a. wird zwecks Erhöhung des immunologischen Schutzes des Organismus durchgeführt. Anschließend werden in die Behandlung auch Heilgymnastik, Atemübungen und Sonnenbäder eingeschlossen.

Asthmatische Bronchitis und Bronchialasthma
Diese Leiden sind gekennzeichnet durch starke Atmungsgeräusche und qualvolle Hustenanfälle. Die Ursache der Erkrankung liegt in einer Veränderung der gesamten Reaktivität des Organismus. Der Be-

ginn äußert sich als eine neurologisch-funktionelle Erkrankung. Der Anfall wird durch einen Krampf der glatten Muskulatur der kleinkalibrigen Luftröhrenzweige verursacht. Gleichzeitig damit treten Sekretionsstörungen der Bronchialschleimhaut auf. Der Husten tritt in Form von Anfällen auf. Die Behandlung wird unter ständigen ärztlichen Kontrollen durchgeführt. Empfohlen werden:

a) Honig
Bei der Behandlung von asthmatischen Bronchiten darf nur natürlicher Honig verwendet werden, der individuell für jeden Kranken ausgesucht werden muß. Erforderlich ist eine vorläufige Probe, der aus dem Bronchialsekret isolierten Bakterien im Hinblick auf ihre Empfindlichkeit gegenüber den Antibiotika, die im verwendeten Honig enthalten sind. Die Behandlung darf nur nach vorläufiger Erprobung der Empfindlichkeit des Kranken gegenüber dem Honig (biologische Allergieprobe) vorgenommen werden. Die Honigkur wird in Form von Honiginhalationen durchgeführt. Im Laufe von 20 Tagen werden zwei Inhalationen täglich mit 30%iger Lösung von Honig in destilliertem Wasser oder physiologischem Serum, die am selben Tag wie die Inhalationen vorbereitet werden müssen, vorgesehen. Nötigenfalls kann die Kur auch verlängert werden, wobei sie nach anderthalb Monaten wiederholt wird.
Empfohlen wird, während der Aerosolbehandlung die interne Einnahme von Honig, 100–120 g dreimal täglich vor dem Essen.
Bei Erkrankungen, die die asthmatische Bronchitis begleiten, wie Erkrankungen der Nase oder der Nasennebenhöhlen (Rhinitis, Sinusite, u.a.) wird eine komplexe Honigbehandlung der Grund- sowie der Begleiterkrankungen durchgeführt.
Die Honigkur wird mit Heilgymnastik, Atemübungen, Akupunktur, Diät und nötigenfalls auch mit Medikamenten kombiniert.

b) Bienengift
Nach vorläufiger Erprobung der Empfindlichkeit des Kranken in bezug auf das Bienengift wird die Behandlung durch Injektionen, Elektrophorese oder Phonophorese durchgeführt.
1. Bei Injektionen werden die Präparate aus Bienengift in die Zone zwischen den Schulterblättern im Laufe von 8–10 Wochen bei kontinuierlich erhöhten Dosen eingespritzt; es können auch die biologisch aktiven Akupunkturpunkte des Körpers gewählt werden.
2. Elektrophorese mit Bienengift. Die Anwendung erfolgt paravertebral nach den Routinemethoden (s. physiotherapeutische Metho-

den). Die Mikroelektrophorese wird in den biologisch aktiven Zonen der Haut vorgenommen.
3. Phonophorese mit Bienengift. Wird paravertebral und in der Zone der vegetativen Halsknoten durchgeführt. Es kann auch eine Mikrophonophorese in den biologisch aktiven Zonen der Haut vorgenommen werden.

c) Behandlung mit Propolis
Die Propolis wird für die Inhalationen oder auch innerlich angewandt, allerdings erst nach vorläufiger Erprobung der Verträglichkeit des Kranken der Propolis gegenüber. Die Inhalationen werden nach vorläufiger Filtrierung mit Hilfe von Kompressionsgeräten oder Ultraschallapparaten durchgeführt. Hierbei wird Wasserextrakt (10%) oder alkohol-wäßrige Emulsion von Propolis (1:10) verwendet. Unter häuslichen Verhältnissen werden Dampf- oder »warm-trockene« Inhalationen mit Propolis oder in einer Kombination von Propolis und Bienenwachs vorgenommen. Gleichzeitig mit der Inhalierung wird auch die innere Aufnahme der Propolis in Form eines wäßrigen (10%) oder alkoholischen (30%) Extraktes in üblichen Dosen empfohlen. Die Propolis wird neben der inneren Einnahme von Honig und Weiselfuttersaft angewandt.

d) Behandlung mit Weiselfuttersaft
Findet Anwendung bei asthmatischer Bronchitis und Bronchialasthma durch Einspritzung von Präparaten (50 mg muskulär), täglich oder jeden zweiten Tag. Bei innerer Anwendung wird natürlicher Weiselfuttersaft jeweils zu 50, 100 oder 200 mg täglich, ein- oder zweimal eingenommen. Japanische Autoren empfehlen höhere Dosen und zwar bis zu 500 mg täglich.
Die Inhalationen mit Weiselfuttersaft werden mit wäßriger Lösung von natürlichem, konserviertem oder lyophilisiertem Weiselfuttersaft, der unmittelbar vor der Anwendung vorbereitet wird, durchgeführt.
Die Behandlung der Bronchitisasthmatika mit Weiselfuttersaft selbständig oder in Kombination mit den anderen Bienenprodukten wird obligatorisch nach einer Bioprobe und unter ständigen ärztlichen Kontrollen durchgeführt.

Gelenkerkrankungen

Entzündliche Gelenkerkrankungen
(primär chronische Polyarthritis und akute Polyarthritis rheumatica)
Die entzündlichen Gelenkerkrankungen beruhen auf einer infektiös-allergischen Grundlage und treten in Zusammenhang mit einer Herdstreptokokkeninfektion auf. Der Infektionsprozeß schafft infolge seines Wesens und rückfälligen Charakters Voraussetzungen für eine Änderung der Reaktivität des Organismus von infektiös-allergischem Typ.
Für das Auftreten der Erkrankung sind nicht nur die Autoimmunprozesse, sondern auch neuroreflektorische Mechanismen, Störungen im Endokrinsystem, einige exogene Faktoren (Erkältung, Traumata u.a.) von Bedeutung. Eine Rolle spielen gleichfalls die Erblichkeit, Konstitution, die Mikrozirkulationsstörungen u.a.
Die chronische Polyarthritis weist einen chronisch rückfälligen Charakter mit vorwiegender Gelenklokalisation auf. Sie äußert sich mit schmerzlichen morgendlichen Gelenkerstarrungen sowie durch Störungen ihrer Funktionen. Das Röntgenbild sowie die Blutindikationen weisen wesentliche Veränderungen auf.
Die akute Polyarthritis rheumatica tritt in jüngerem Alter auf. Sie äußert sich vornehmlich durch Änderungen im Bereich der Gelenke, die von kurzer Dauer sind und einer Heilung unterliegen. Angegriffen werden auch verschiedene Organe, von denen die Herzschädigungen von größter Bedeutung sind. Die Herzlokalisation des rheumatischen Prozesses kommt am häufigsten vor, sie ist auch von längster Dauer und am schwerwiegendsten. Sie kann auch für sich allein bestehen ohne Änderungen in den Gelenken und charakterisiert den Ernst der Erkrankung.
Empfohlen werden folgende Bienenprodukte:

a) Bienengift
Der Mechanismus der Wirkung des Bienengiftes bei der Behandlung von Entzündungskrankheiten der Gelenke ist kompliziert und vielseitig. Sein Effekt ist von jahrtausendealter Erfahrung der Volksmedizin sowie von experimentellen und klinischen Beobachtungen der zeitgenössischen Medizin bestätigt. Zugrunde liegt einerseits der steroide Antientzündungseffekt, realisiert durch Stimulierung des Hypophysen-Nebennierensystems, die zur Steigerung von Plasmacortisol im Organismus führt *(s. Abb. 21, 22)*. Andererseits wird die Immunantwort unterdrückt, die sich günstig auf die veränderte Reak-

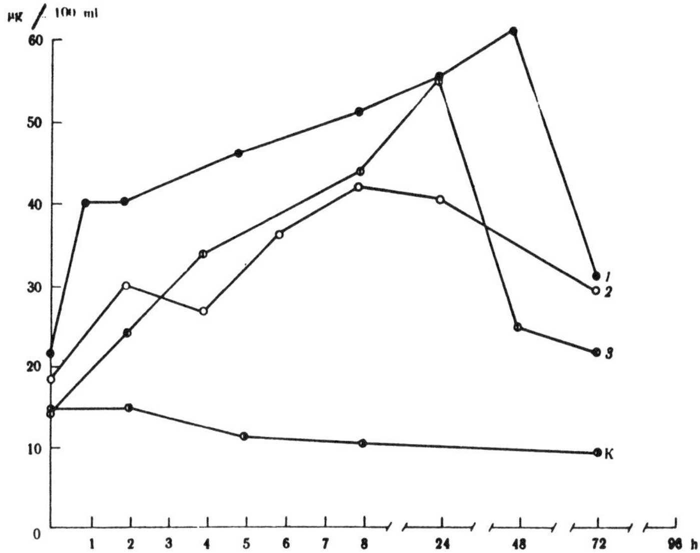

Abb. 21: *Plasmacortisol (microgramm zu 100 ml) im Blut der Versuchs- und Kontrolltiere (K) Affen, injiziert mit Bienengift in Dosis 50–100 mg (1) 10–25 mg (2), 1–5 mg (3) (nach R. Brooks u.a.).*

Abb. 22: Plasmacortisol (microgramm zu 100 ml) im Blut der Versuchs- und Kontrolltiere – (K) Affen, injiziert mit Melitin in Dosis 5–10 mg (1), 0,1–0,75 mg (2), 1,0–2,5 mg (3) (nach Brooks u.a.).

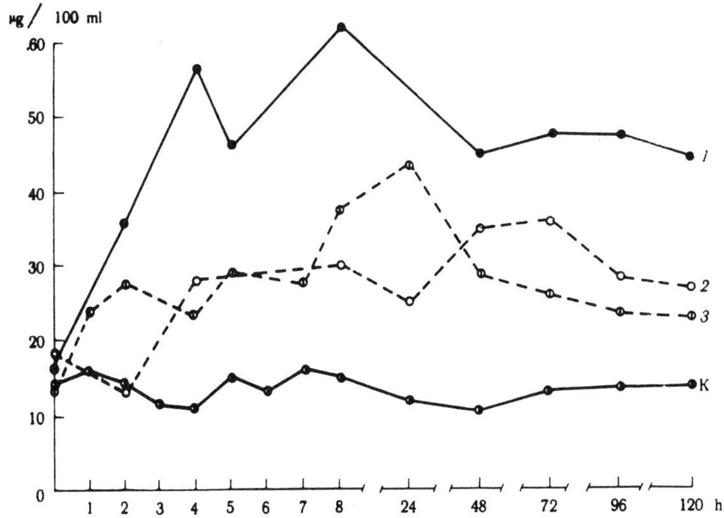

Präparate	Kranken-zahl	Ergebnisse von der Heilung nach 1–5 J.		
		gute	befriedigend	kein Effekt
Bienengift (Apisarthron u. Bienenstiche)	300	168 (56%)	96 (32%)	36 (12%)
Steroide Hormone u. ACTH	82	14 (17%)	17 (20,7%)	51 (62,3%)
Salizyl-Präparate	59	11 (18,6%)	15 (25,4%)	38 (56%)

Abb. 23: Spätere Ergebnisse von der Heilung von Kranken mit chronischer Polyarthritis (nach Alesker).

tivität des Organismus äußert. Eine wesentliche Rolle für den Genesungsprozeß spielt der nichtsteroide (direkte) Antientzündungseffekt des Bienengiftes, der eine bedeutend größere Wirkung als die üblichen aspirinähnlichen Medikamente aufweist *(s. Abb. 23)*. Das Bienengift verbessert die Prozesse der Mikrozirkulation und besitzt gut ausgeprägte Antikoagulationseigenschaften. Bei therapeutischen Dosen verursacht es keine Nebenwirkungen und beschädigt keine anderen Organe und Systeme. Im Gegenteil, es besitzt blutdrucksenkende, antiarhythmische und herzstimulierende Eigenschaften. Allerdings muß beachtet werden, daß das Bienengift, wenn auch selten, hauptsächlich als Bienenstiche zu einer Allergie führen kann.
Das Bienengift wird durch Stiche oder Injektionen mit standardisierten Präparaten in den Körper eingespritzt. Die Behandlung beginnt nach vorläufiger Erprobung der Verträglichkeit des Organismus gegenüber dem Bienengift. Die Injektionen in Form von Quaddeln (intrakutan) oder in Tiefe werden in den Bereichen der betroffenen Gelenke sowie über das entsprechende Wirbelsäulensegment durchgeführt.
Die Behandlung wird täglich oder jeden zweiten Tag bei allmählich steigenden Dosen im Laufe von 20–30 Tagen durchgeführt. Während 8–10 Wochen bekommt der Kranke 250–300 oder standardisierte Bieneneinheiten. Die Behandlung beginnt mit einer Menge, die einem Teil eines Bienenstiches entspricht, wobei allmählich 20–30 oder mehr Bieneneinheiten erreicht werden.
Das Bienengift kann in die entsprechenden biologisch aktiven Punkte injiziert werden. Dabei ist eine zusätzliche Einspritzung von Bienengift auch außerhalb der erwähnten Punkte notwendig, um den erforderlichen Antientzündungseffekt zu erreichen.

Angesichts des Einflusses der Propolis auf die Immunogenese sowie des regulierenden Einflusses des Weiselfuttersaftes und des Honigs auf die Reaktivität des Organismus ist es gerechtfertigt, gleichzeitig mit der Apitoxinotherapie eine allgemeine, komplexe Apitherapie anzuwenden.

b) Weiselfuttersaft
Wird in den Perioden zwischen den Anfällen in Hinsicht auf eine Umstellung der veränderten Reaktivität des Organismus angewandt. Die Anwendung findet in zwei dreimonatigen Behandlungskursen jährlich statt. Die tägliche Dosis von 100–120 mg (nach japanischen Autoren 500 mg) wird auf zweimalige Einnahmen täglich 1–2 Stunden vor dem Essen verteilt. Die Anwendung erfolgt in natürlichem, konserviertem oder lyophilisiertem Zustand.

c) Propolis
Bei der Behandlung von entzündlichen Gelenkerkrankungen wird die Propolis nach den üblichen Methoden der Elektrophorese, Phonophorese, Salben oder in Form von Pflastern als Hilfsmittel bei der Grundtherapie angewandt (s. physiotherapeutische Methoden).

d) Bienenwachs
Warme Pflaster aus Wachs oder Wachs und 10–15% Propolis werden auf die befallenen Gelenke aufgelegt.
Die lokal durchgeführte Therapie zeitigt schwächere Ergebnisse als Injektionen mit Bienengift. Außerdem ist die lokale Therapie aus rein technischen Gründen und zwar wegen der Verstreutheit der befallenen Stellen schwieriger durchzuführen. Zwecks Verstärkung der Wirkung auf den kranken Organismus wird eine komplexe Apitherapie unter oraler Anwendung der Bienenprodukte mit Nähr- und Heileigenschaften wie Honig, Pollen, Weiselfuttersaft in üblichen Dosen empfohlen.

Arthrosen und Spondylarthrosen

Degenerative Gelenkerkrankungen (Arthrosen und Spondylarthrosen, sogenannte Dorne, Stacheln) sind eine weitverbreitete Erkrankung. Es wurde festgestellt, daß 76,3% der Bevölkerung daran leidet. Nicht immer wird bei anatomischen und röntgenologischen Befunden auch eine klinische Äußerung des Leidens festgestellt. Viele Menschen leiden an Arthrose und Spondylarthrosen, ohne jedoch Schmerzen zu fühlen.

In Abhängigkeit von der jeweiligen Lage können auch große Randwülste (Dorne, Stacheln) ohne Symptome verlaufen, während kleinere stürmische klinische Äußerungen hervorrufen können. Der Schmerz, der das Leiden begleitet, ist auf den Druck zurückzuführen, der auf die naheliegenden Nerven ausgeübt wird.
Außer der erhöhten Belastung eines bestimmten Gelenks sind für das Auftreten des Leidens auch Traumata, einige Vererbungs- und Familienfaktoren, Infektionen, endokrine Störungen, übernormales Gewicht u.a. Ursachen schuld. Von größter Bedeutung allerdings für das Auftreten der Erkrankung ist das Alter. In diesem Sinne ist die Arthrose in einem gewissen Maße auch ein physiologischer Zustand. Infolgedessen werden die Gelenkflächen stärker belastet, was zu Randwülsten führt. Man vermutet, daß die Degeneration des Gelenkknorpels infolge seiner Abnutzung für das Leiden verantwortlich ist.
Die Äußerungen der Erkrankung hängen vom Ort der Läsion ab. So verursachen z.B. Randwülste (Dorne, Stacheln) in der Nackengegend der Wirbelsäule Schmerzen und Erstarrungen, die das Genick, die Schultern, die Schulterblätter erfassen und schließlich auf den Kopf übergreifen, verbunden mit Kopfschmerzen und Schwindel. Die Schmerzen reichen oft den Arm entlang bis zu den Fingern. Bei Randwülsten in der Wirbelsäule, in der Brustgegend, erfassen die Schmerzen den Brustkorb, manchmal auch die Herzgegend. Bei Randwülsten in der Kreuzzone lokalisieren sich die Schmerzen dort, wenn sie aber die Nerven reizen, verbreiten sie sich auch entlang der unteren Extremitäten.
Obwohl manchmal mehrere Gelenke befallen sind, ist die Arthrose nicht die Folge einer Systemerkrankung, verursacht durch Infektionen und begleitet von allgemeinen Erscheinungen, wie es der Fall bei Arthritis ist. Bei den Arthrosen handelt es sich um lokale Erscheinungen, Ergebnisse lokaler Schädigungen. Aus diesem Grunde ist die externe und physiotherapeutische Behandlung angemessener als Injektionen oder die perorale Behandlung.
Angewandt werden folgende Bienenprodukte:

a) Bienengift
1. In der Volksmedizin werden auch heute noch die Bienenstiche zur Behandlung der Dorne (Stacheln) benutzt. Die moderne Medizin wendet Injektionen mit Präparaten, die Bienengift enthalten, mit demselben Zweck an.
2. Elektrophorese mit Bienengift findet Anwendung in Form einer Galvano-, Diadynamo- oder Impulsophorese. Angewandt wird eine

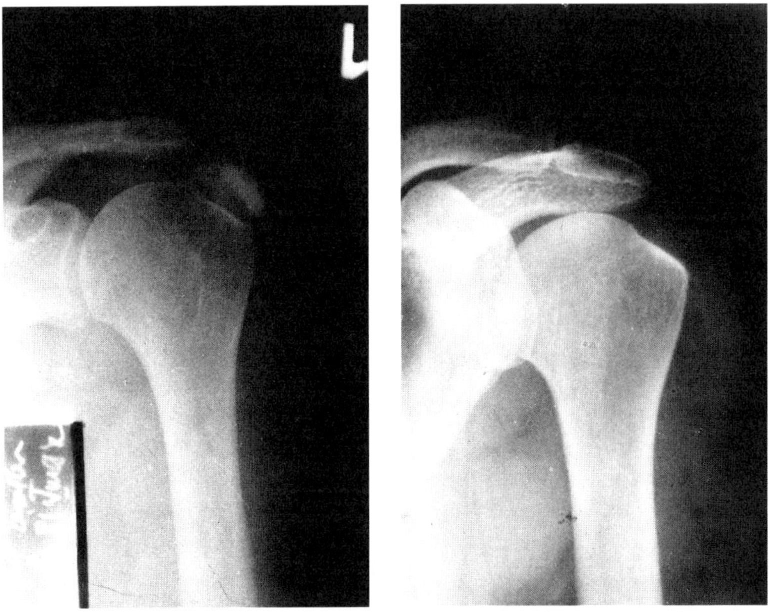

Abb. 24: Röntgenographie des linken Armgelenks. Angaben zu Arthroseänderungen und Periarthritis calcarea. Gewisser Schatten im Weichgewebe. Vor der Behandlung (a) und nach der Behandlung (b).

Querelektrophorese bei der Behandlung von Gelenken und eine Längselektrophorese bei Spondylarthrose mit Nervenreiz (s. physiotherapeutische Methoden).
3. Phonophorese mit Bienengift. Wird lokal und in der entsprechenden Gegend der Wirbelsäule angewandt und ist besonders wirksam bei Arthrosis und Periarthritis des Armgelenks *(s. Abb. 24)*.
4. Mechanisches Einreiben von Salben, die Bienengift enthalten und lokale Bäder mit Bienengift.
5. Akupunktur und Akupressur mit Bienengift. Das Bienengift wird durch Einspritzung, Stiche oder durch mechanischen Druck durch eine Salbenschicht, die Bienengift enthält, und zwar in biologisch aktive Punkte des Körpers eingeführt *(s. Abb. 25)*.
Die Apitoxintherapie wird selbständig oder in Kombination mit Balneoprozeduren, Massagen und Heilgymnastik durchgeführt. Empfohlen wird auch die Anwendung von Honig jeweils 100–120 g täglich, Pollen (35–40 g täglich) und Weiselfuttersaft in Mengen von 150 bis 300 mg täglich.

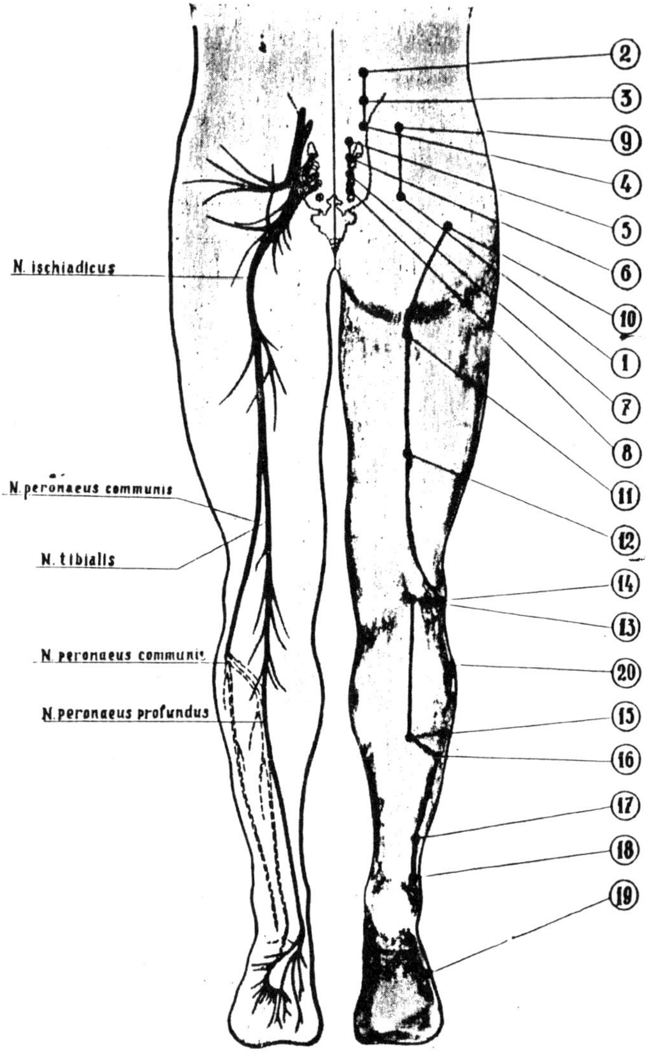

Abb. 25: Biologisch-aktive Punkte, genutzt bei der Behandlung von Lumbosacral Spondylarthrose und ihren neurologischen Komplikationen.

b) Propolis

Findet Anwendung bei der Behandlung der Arthrosekrankheit durch physiotherapeutische Methoden.

1. Elektrophorese mit Propolis. In der Praxis kommen galvanische, Impuls- oder diadynamische Ströme zur Anwendung. Benutzt wird 10%iger wäßriger Extrakt oder eine alkohol-wäßrige Emulsion (1:10). Das Eintragen der aktiven Bestandteile der Propolis erfolgt von beiden Polen aus (s. physiotherapeutische Methoden).

2. Phonophorese mit Propolis stellt eine geeignete Methode bei der Behandlung von 1–2 Gelenken dar (s. physiotherapeutische Methoden).

3. Äußere Anwendung der Propolis, wobei Salben (20–30%) mit oder ohne Salizylsäure zur mechanischen Einreibung angewandt werden. Es werden auch Pflaster aus Propolis und Wachs verwendet, die 12–24 Stunden lang auf dem kranken Gelenk aufgetragen bleiben (s. physiotherapeutische Methoden).

c) Honig

In der Volksmedizin ist die Anwendung des Honigs in Form von Einreiben, Auflegen von Kompressen aus Honig und Kräuterdekokt, Auflegen von Kastanien- und Tabakblättern über einer Honigschicht auf das kranke Gelenk usw. bekannt.

d) Wachs

Anwendung in Form von Wärmeapplikationen (s. physiotherapeutische Methoden).

Bei den verschiedenen Methoden der Anwendung der Bienenprodukte kann es sich um selbständige Anwendung der einzelnen Produkte als auch um Kombinationen zwischen ihnen handeln. Die Behandlung mit Bienenprodukten kann gleichzeitig mit Heilbädern, Heilgymnastik, Massagen und anderen Heilmitteln durchgeführt werden.

Bei traumatischen Erkrankungen der Gelenke finden lokale Behandlungen Anwendung, wie z.B. mechanische Einreibungen von Salben, die Bienengift oder Propolis enthalten sowie Pflaster aus Wachs oder einer Kombination von Wachs und Propolis, die unter häuslichen Bedingungen durchgeführt werden können (s. physiotherapeutische Methoden).

Magen- und Darmerkrankungen

Gastritis

Die chronische Gastritis tritt als Folge unregelmäßiger Nahrungsaufnahme, lang andauernder Intoxikationen, Störungen im Stoffwechsel, endokrinen Störungen u.a. auf. Die chronische Gastritis ist eine Begleiterscheinung der Magen- und Duodenalgeschwüre. Sie äußert sich durch einen hartnäckigen und spontanen Schmerz und Schmerzen bei Druck mit dem Gefühl von Schwere, Aufstoßen, Brennen hinter dem Brustbein, bitterem Geschmack im Mund, Erbrechen u.a. Beobachtet werden eine erhöhte oder verminderte Magensekretion sowie röntgenologische Änderungen des Reliefs der Magenschleimhaut.

Bienenprodukte sind imstande eine Antientzündungs-, schmerzstillende und normalisierende Wirkung auf die sekretorische und motorische Funktion des Magens auszuüben. Sie können zur Aktivierung des lokalen Blut- und Lymphkreislaufes bei deutlich ausgeprägtem regenerativem Effekt beitragen. Angewandt werden:

a) Honig

Der Honig ist als Hilfs- oder Grundheilmittel angezeigt. Bei Säureminderung der Magensekretion wird er 15 Minuten vor dem Essen in einem halben Glas kalten Wassers eingenommen. Bei erhöhtem Säuregehalt wird der Honig anderthalb Stunden vor dem Essen, gelöst in warmem Wasser oder Tee aus Johanniskraut, Zinnkraut oder Huflattich genommen. Die Tagesdosis des Honigs beträgt 100 g (jeweils ein Suppenlöffel dreimal täglich). Die Behandlung dauert 1–2 Monate. Geeignet ist der Lavendel-, Pfefferminz-, Kastanien-, Berghonig und andere Sorten reinen Nektarhonigs. Die Volksmedizin empfiehlt den Honig, der beim Entfernen des Wachsdeckelchen erhalten wird.

b) Propolis

Die Propolis findet Anwendung bei der Behandlung der Gastritis in Form eines 30%igen Alkoholextraktes, von dem jeweils 20–30 Tropfen dreimal täglich in einem Löffel warmem Wasser oder warmer Milch anderthalb Stunden vor dem Essen eingenommen werden. Empfohlen wird auch die Einnahme einer wäßrigen Lösung von Propolis (10%), jeweils 1–2 Suppenlöffel dreimal pro Tag vor dem Essen.

Für die Erkrankung spielen die unregelmäßige Nahrungsaufnahme, pikante und heiße Nahrungsmittel, der Mißbrauch von Nikotin, Alkohol und Medikamenten usw. eine bedeutende Rolle. Eine gewisse Rolle spielen auch die Familienveranlagung und einige Krankheiten wie Leberzirrhose, psychische Streßzustände u.a. Gewöhnlich äußert sich der Krankheitszustand durch jahreszeitlich bedingte Schmerzen, Erbrechen, Brennen und Aufstoßen. Das Röntgenbild zeigt Ausbuchtungen verschiedener Form und Größe.

Der Honig, die Propolis und der Pollen haben die Wiederherstellung von Funktionsstörungen des zentralen und vegetativen Nervensystems zum Ziel. Lokal wird die Verbesserung der Trophik der Magenschleimhaut beobachtet, ferner ist eine Antientzündungs-, schmerzstillende, kapillarstärkende und regenerative Wirkung festzustellen. Die Propolis deckt in einer dünnen Schicht das Geschwür ab und stellt auf diese Weise einen richtigen biologischen Verband dar. Gleichzeitig mit dem schmerzstillenden Effekt äußert sich dabei auch eine direkte regenerative Wirkung und eine Verbesserung des lokalen Stoffwechsels.

a) Honig

Ein Suppenlöffel Honig in einem halben Glas warmen Wassers wird anderthalb Stunden vor dem Frühstück und dem Mittagessen und 3 Stunden nach dem Abendbrot eingenommen. Die Dosis beträgt 100–120 g pro Tag. Geeignet ist Honig aus echtem Majoran, Thymian, Lavendel, Sonnenblumen u.a. Die Kur dauert 2 Monate.

Zur Behandlung der Geschwürkrankheit wird von der Volksmedizin folgendes Rezept angewandt: 1,5 kg Honig, 250 g reines Olivenöl, 10 g Medizinschwefel werden gut zusammengerührt. Einnahme jeweils 1 Suppenlöffel dreimal täglich vor dem Essen.

b) Propolis

Empfohlen wird 30%iger Alkoholextrakt von Propolis, dreimal täglich jeweils 30–40 Tropfen in einem Löffel warmer Milch oder Olivenöl eine Stunde vor dem Essen. Möglich sind auch niedrigere Konzentrationen (5%) bei längerer Behandlung. Angewandt wird auch Wasserextrakt von Propolis: jeweils 1–2 Suppenlöffel dreimal täglich vor dem Essen oder eine Propolispaste (10–15%) auf der Grundlage von Bienenhonig, Kuhmilch u.a. jeweils 1 Teelöffel dreimal täglich vor dem Essen. Die Propoliskur dauert 30–40 Tage. Notfalls kann die Behandlung nach einer Pause von 30 Tagen wiederholt werden.

Nach den Erfahrungen der Volksmedizin können auch dreimal täglich vor dem Essen Propolisstückchen in Erbsengröße eingenommen werden. Die gegenwärtige Apitherapie ist allerdings gegen eine solche Einnahme.

c) Bienenpollen

Der Pollen kann selbständig oder in komplexer Anwendung mit anderen Bienenprodukten oder als Komponente der üblichen Therapie verwendet werden. Die tägliche Dosis beträgt 40 g (drei Teelöffel) gut zerkaut oder gemahlen. Die Einnahme erfolgt dreimal täglich auf leeren Magen. Benutzt wird natürlicher oder in Honig konservierter Pollen im Verhältnis 1:1 oder 1:2. Die Kur dauert anderthalb oder zwei Monate.

Der Pollen kann auch bei mittelmäßig blutenden Geschwüren eingenommen werden, wobei er eine effektive Unterstützung der Grundtherapie darstellt. Eingenommen wird 2–3mal täglich jeweils ein Teelöffel.

d) Weiselfuttersaft

Verwendet wird natürlicher, konservierter oder lyophilisierter Weiselfuttersaft. Die tägliche Dosis beträgt 60–120 g und wird zweimal pro Tag eingenommen, und zwar jeweils eine halbe Stunde vor dem Essen und für die Dauer von zwei Monaten. Die gegenwärtige Apitherapie empfiehlt höhere Dosen.

e) Komplexe Anwendung

Wird durch Einnahme der Bienenprodukte mit Nähr- und Heileigenschaften (Honig, Weiselfuttersaft und Bienenpollen) durchgeführt. Diese Produkte werden in Kombination mit Propolis in den üblichen Dosen eingenommen.

Subakute und chronische Kolitis

Die Faktoren, die beim Auftreten dieser Erkrankung eine Rolle spielen, sind von verschiedenartigem Charakter: Infektion, Darmparasiten, exogene und endogene toxische Stoffe, Störungen der Verdauungs- und immunoallergischen Mechanismen, Veränderungen in der Darmflora u.a. Die erhöhte Virulenz der Mikroorganismen in den Därmen verursacht auch Entzündungen der Darmschleimhaut. Die Erkrankung ist durch Schmerzen, Appetitlosigkeit, Gefühl von Schwere im Magen und Schwellung desselben gekennzeichnet. Die erschwerte Aneignung der Nahrungsmittel schafft die Bedingun-

gen für ihre Fermentation und das Auftreten von Blähsucht. Das wesentliche Symptom sind Durchfälle, manchmal mit Schleim und Blut, gefolgt von Stuhlverstopfungen.
Die Bienenprodukte Propolis und Pollen üben eine allgemein stärkende Wirkung aus, normalisieren den Tonus des vegetativen Nervensystems, wirken antibiotisch und bewahren vor Entzündungsprozessen. Sie verbessern den Blutkreislauf und die Ernährung der Darmschleimhaut und beheben gleichzeitig Störungen in der Darmflora.
Die Propolis wird als 30%iger Alkoholextrakt jeweils zu 30–40 Tropfen in einem Löffel warmer Milch oder warmes Wasser, dreimal täglich anderthalb Stunden vor dem Essen eingenommen. Leichter einzunehmen ist der wäßrige Extrakt (10%), der in Mengen von 1–2 Suppenlöffeln dreimal täglich vor dem Essen eingenommen wird. Allerdings beträgt seine Dauerhaftigkeit nur zehn Tage.
Der Pollen, gut zerkaut oder gemahlen, wird in einem Teelöffel (10–15 g) dreimal täglich vor dem Essen mit ein wenig Wasser eingenommen.
Die komplexe Anwendung erfolgt bei gleichzeitiger Aufnahme von Propolis und Pollen in den üblichen Gaben.

Konstipation (Verstopfung)

Die Erkrankung wird mit dem Charakter und der Art der verwendeten Nahrung, mit Schwäche des Nerven-Muskel-Apparates der Därme, Entzündungen der Darmschleimhaut u.a. in Zusammenhang gebracht. Man unterscheidet atonische (Erschlaffungs-) oder spastische (krampfartige) Verstopfung. Die Erkrankung ist von Kopfschmerzen, Apathie (Gleichgültigkeit), Appetitlosigkeit und schlechtem Geschmack im Munde, Schlaflosigkeit, Reizbarkeit und verringerter Arbeitsfähigkeit u.a. begleitet.
Die Bienenprodukte üben eine allgemeine Wirkung auf den Organismus und vor allem auf das vegetative Nervensystem aus. Außerdem sind sie imstande, die Darmflora zu normalisieren. Angewandt werden der Bienenpollen und der Bienenhonig. Der Pollen wird bei hartnäckigen Verstopfungen mit oder ohne Störungen der Darmflora verwendet. Eingenommen wird er selbständig oder in Kombination mit Honig: die tägliche Gabe beträgt 30–35 g, gut zerkaut oder gemahlen, anderthalb Stunden vor dem Essen. Der Bienenhonig besitzt abführende Eigenschaften. Abends wird ein Suppenlöffel voll Honig in warmem Wasser gelöst eingenommen.

Hämorrhoiden

Hämorrhoiden sind variköse, knotenartige Erweiterungen der Venengeflechte des unteren Mastdarmes, gewöhnlich von chronisch entzündlichem Zellgewebe umgeben. Sie werden gewöhnlich von chronischer Verstopfung, seßhafter Lebensweise, bei schweren Zweitgeburten, bei schwachen Venenwänden und Hemmungen des lokalen Blutkreislaufes verursacht. Bei Stuhlentleerung schwellen die hämorrhoidalen Knoten an, die Gefäßwände, besonders der höher liegenden Knoten reißen, im Kot erscheint Blut. Die Erkrankung wird von Schmerzen und Juckreizen in der Aftergegend begleitet. Zeitweilig kommt es zu Entzündungen der entsprechenden Gefäße, die hart und äußerst schmerzhaft werden. Dann steigt die Körpertemperatur und der Allgemeinzustand des Kranken verschlechtert sich.

Die Propolis wird lokal und peroral (innerlich) eingenommen. Sie trägt zur Verbesserung der Elastizität der Venenwände bei und weist eine blutstillende Wirkung auf. Andererseits besitzt die Propolis eine Antientzündungs-, antibiotische und schmerzstillende Wirkung in Zusammenhang mit einem Epithelial-Regenerationseffekt. Die Propolis wird in Form eines Wasserextraktes (10%) dreimal täglich jeweils 1–2 Suppenlöffel vor dem Essen eingenommen. Empfohlen werden gleichzeitig damit lokale Bäder oder Kompressen mit Propolis-Wasser-Emulsion (1:100) oder Wasserextrakt (3–5%).

Nach Operationen von Hämorrhoiden und Fisteln wird die Anwendung von 10%igem Alkoholextrakt von Propolis, vermischt mit Rizinusöl im Verhältnis 1:1 empfohlen. Eingenommen wird 1 Teelöffel dreimal täglich vor dem Essen. Parallel dazu wird die Aftergegend mit 10%iger Propolissalbe eingerieben.

Herz- und Kreislauferkrankungen

In den letzten Jahren haben die Erkrankungen des Herz-Kreislauf-Systems stark zugenommen und die von ihnen verursachte Letalität erreicht immer größere Dimensionen.

Kardiosklerose

Die Blutgefäße des Herzmuskels werden von arteriosklerotischen Prozessen angegriffen, es kommt zu deren Lipidinfiltrationen. Nachträglich setzen sich an den Wänden dieser Gefäße Kalziumsalze ab, bilden sich erhabene Flecken, die den Blutkreislauf hindern und in-

folgedessen wird die Ernährung des Herzmuskels gestört. An bestimmten Stellen sterben kleine Bereiche ab, wo sich anschließend Bindegewebe ausbildet. In Abhängigkeit von der Entwicklungsphase der Erkrankung treten Herzschmerzen sowohl bei Bewegung als auch im Ruhezustand, Rhythmusstörungen u.a. auf.
Aufgrund des auf klinischem und experimentellem Wege nachgewiesenen antisklerotischen Effekts des Weiselfuttersaftes, des Pollen, des Honigs und der Propolis können diese Produkte zur Vorbeugung und Therapie benutzt werden. Bei der Myokardsklerose werden die Bienenprodukte im Anfangsstadium selbständig angewandt. In den späteren Stadien und in schwereren Fällen leisten sie als Komponente der Grundtherapie Hilfe.

a) Honig

Der Honig übt einen günstigen Einfluß bei Herzsklerose aus, die bei fortgeschrittenem Alter charakteristisch ist. Der Honig ist die geeignetste Energiequelle für das Herz, er erweitert seine Blutgefäße und verstärkt die Kontraktionen des Herzmuskels. Die Einnahme erfolgt in Mengen von 100–120 g, auf 5–6 Gaben täglich, in Wasser gelöst und auf leeren Magen. Die Behandlung wird 2–2½ Monate lang durchgeführt. Am geeignetsten ist der Lavendel-, der Berg- und Expressionshonig von kardiotonisierenden Kräutern. Es existiert ein herztonisierender Honig, der aus dem Zucker gelöster, für Herzleiden günstigen Kräutern (Weißdorn, Maiglöckchen u.a.) gewonnen wird und den Bienen zur Weiterverarbeitung überlassen wird. Es ist besser, Nektarhonig und keinen Zuckerhonig zu verwenden.
Bei leichteren Fällen wird der Honig selbständig angewandt, während er bei schwereren Fällen in die Grundtherapie miteingeschlossen wird.

b) Komplexe Anwendung der Bienenprodukte

Bei Herzerkrankungen werden mit dem Honig gewöhnlich Pollen, Propolis und Weiselfuttersaft kombiniert. Der Pollen wird in natürlichem Zustand (30–40 g täglich) oder in Honig im Verhältnis 1:1, 1:2 konserviert, in drei Gaben vor dem Essen eingenommen. Er muß gut gemahlen oder zerkaut sein.
Der Weiselfuttersaft (180–300 mg) wird in natürlichem Zustand, in Honig konserviert oder lyophilisiert in Form von pharmazeutischen Präparaten eingenommen.
Die Einnahme der Bienenprodukte ist zur Prophylaxe geeignet, um arteriosklerotischen Veränderungen im Herzen vorzubeugen.

Herzneurose

Bei Herzneurose infolge verändertem Tonus des vegetativen Nervensystems als Folge psychischer Traumata (Erschütterungen), endogene und exogene Intoxikationen u.a.m. steht der Bienenhonig in den üblichen Gaben von 80–100 g täglich in warmem Wasser aufgelöst, dreimal vor dem Essen und abends 3 Stunden nach dem Abendbrot eingenommen, an erster Stelle. Empfohlen werden auch andere Bienenprodukte mit Nähr- und Heileigenschaften, insbesondere Weiselfuttersaft und Bienenpollen, die selbständig oder kombiniert eingenommen werden.

Arteriosklerose der unteren Extremitäten

Der Erkrankung liegt eine Störung des Lipid- und Mineralstoffwechsels zugrunde, die zu Veränderungen der Blutgefäßwände führt. Der periphere Blutkreislauf wird hauptsächlich in den unteren Extremitäten gestört und äußert sich durch Schmerzen und erschwerte Bewegungen.

Die komplexe Anwendung der Bienenprodukte führt entsprechend ihrer Wirkung zu antisklerotischem, Antikoagulations-, Antientzündungs-, kapillarkräftigendem und schmerzstillendem Effekt.

Das Bienengift wird durch Injektionen entlang des Laufs der angegriffenen Blutgefäße und segmentär in der Kreuzgürtelgegend eingespritzt.

Der Weiselfuttersaft wird täglich in zwei Gaben jeweils 60–120 mg vor dem Essen eingenommen. Französische Autoren empfehlen höhere Mengen bis 250 mg pro Tag.

Es kann natürlicher Pollen (30–40 g) und in Honig konservierter im Verhältnis 1:2 oder 1:1, jeweils ein Suppenlöffel dreimal täglich vor dem Essen eingenommen werden.

Die Propolis wird in Form von Wasserextrakt-Kompressen (10%) oder alkohol-wäßrigen Emulsionen (1:10%) oder als Salbe (15%) angewandt. Nötigenfalls kann bei komplexer Apitherapie auch perorale Einnahme von Propolis – 25–30 Tropfen 30%igen Alkoholextrakts in einem Löffel warmer Milch oder warmes Wasser dreimal täglich vor dem Essen – miteinbezogen werden.

Generalisierte Arteriosklerose

In der geriatrischen Praxis wirken der Weiselfuttersaft und der Pollen sehr günstig auf das Nerven- und Endokrinsystem sowie auf den Lipid-Cholesterin-Wechsel. Empfehlenswert ist eine vorgreifende Behandlung, die das Altern und die damit verknüpften Veränderungen

hemmen. Die Bienenprodukte üben in diesem Falle eine »verjüngende« Wirkung aus.
Der Weiselfuttersaft wird hierbei selbständig oder komplex mit anderen Bienenprodukten mit Nähr- und Heileigenschaften angewandt. Er wird in natürlichem Zustand, konserviert oder lyophilisiert verwendet. Die tägliche Dosis beträgt 120–180 mg, zweimal eingenommen – morgens und mittags vor dem Essen.
Der Pollen wird in natürlichem Zustand – jeweils 1 Teelöffel dreimal täglich vor dem Essen – eingenommen, wobei er vorher gut zerkaut oder gemahlen werden muß. In Honig konserviert (im Verhältnis 1:2 oder 1:1) wird er dreimal täglich jeweils 1 Suppenlöffel 1–2 Stunden vor dem Essen eingenommen.
Die Propolis wird innerlich in Form von Wasser (10%) oder Alkoholextrakten (30%) in den üblichen Dosen dreimal täglich vor dem Essen eingenommen.
Die Behandlung der Arteriosklerose mit Bienenprodukten wird im Laufe von 2–3 Monaten durchgeführt und wird nach einer Pause von einem Monat wiederholt. Die Vorbeugung desselben Leidens kann auch mit kleineren Dosen in kürzeren jedoch häufigeren Zeiträumen mit Erfolg durchgeführt werden und ist vorzuziehen.

Arterielle Hypertonie (Bluthochdruckkrankheit)

Bei der Hochdruckkrankheit tritt ein generalisierter Krampf der Arteriolen ein, der am Anfang der Erkrankung von funktionalem Charakter ist. Im Laufe der Zeit und mit der Entwicklung der Erkrankung treten in den Gefäßwänden morphologische Veränderungen auf und der Prozeß wird irreversibel (nicht umkehrbar).
Die Bienenprodukte Honig, Pollen und Weiselfuttersaft besitzen keine deutlich ausgeprägte hypotonische (blutdrucksenkende) Wirkung. Die Anfangsphase allerdings ist eine günstige Periode zur Behandlung der Erkrankung. In späteren Stadien können sie in üblicher Dosis in die medikamentöse Grundbehandlung miteinbezogen werden. Das Bienengift und die Propolis besitzen einen gewissen hypotonischen Effekt, der besonders bei Kranken, die eine Bienenproduktbehandlung wegen einer anderen Erkrankung unternehmen, angewandt werden kann. Die Propolis wird in Form eines 30%igen Alkoholextraktes, Propolis-Honig-Pasten u.a. eingenommen.

Arterielle Hypotonie (verminderter Blutdruck)

Kommt als primäre Erscheinung bei Asthenikern mit konstitutioneller Veranlagung vor. Oft tritt sie als Sekundärerscheinungen bei Menschen mit nicht vollwertiger Ernährung, bei Avitaminosen, nach infektiösen Erkrankungen, Intoxikationen u.a. auf. In dieser Hinsicht spielen die Nähr- und Heilbienenprodukte eine günstige Rolle. Der Honig wird in täglichen Gaben von 80–100 g, und die Pollen jeweils 30–40 g dreimal täglich 1–2 Stunden vor dem Essen eingenommen. Der Weiselfuttersaft wird in täglichen Dosen von 60–120 mg (bis 250 mg) zweimal morgens und mittags eine halbe bis zu einer Stunde vor dem Essen genommen.

Urologische Erkrankungen

Entzündungen der Nieren, des Nierenbeckens und der Harnblase

Die akute Nephritis wird durch eine Streptokokkeninfektion bei normaler oder veränderter Reaktivität des Organismus verursacht. Die Entzündung der Nierenbecken und der Harnblase beruhen am häufigsten auf einer bakteriellen Infektion, verursacht durch Bacterium coli (75–80% der Fälle), seltener durch Proteus vulgaris, durch Streptokokken (jeweils 5%), durch Tuberkelmikrobakterien u.a. Die Infektion kann sowohl auf Blut- und Lymphwegen als auch auf nachbarliche Weise übertragen werden.

Der medikamentösen Therapie und der Diät können auch Bienenprodukte wie Honig, Propolis und Weiselfuttersaft beigegeben werden. Die Effektivität der Honigbehandlung beruht auf dem hohen Gehalt an Glukose, Fruktose und den Vitaminen C und P, die die Harnentleerung erleichtern und zur Absonderung der Toxine aus dem Organismus beitragen. Sie regulieren den osmotischen Druck zwischen dem Blut und dem Gewebe, der bei der Nephritis gestört ist. Die ätherischen Öle und die Flavone, wenn auch in kleinen Mengen, erweitern die Blutgefäße in den Nieren, infolgedessen erhöht sich ihre Durchlässigkeit.

Die tägliche Gabe des Honigs beträgt 80–100 g, die dreimal am Tag eingenommen werden. Es ist am günstigsten, diesen in einem halben Glas warmem Wasser oder in einem Kräuterdekokt 40–60 Minuten vor dem Essen einzunehmen. Geeignet sind Kastanien-, Wiesen- und Berghonig. Eine wichtige Voraussetzung für eine gute therapeutische Wirkung ist die Anwendung von reinem Nektarhonig, bei dessen Erzeugung die Bienen keinen Zuckersirup erhalten haben.

Die Propolis wird besonders von dänischen Autoren bei Entzündungserkrankungen der Nieren und Harnröhren benutzt. Angewandt wird der Wasserextrakt (10%), von dem 1–2 Suppenlöffel 1–

$1^1/_2$ Stunden vor dem Essen eingenommen werden. Es fehlen jedoch immer noch ausreichende Beobachtungen auf diesem Gebiet.
In Hinsicht auf eine Störung der Widerstandskräfte des Organismus wird Weiselfuttersaft in täglichen Gaben von 80–100 mg empfohlen. Er wird 1–2 Stunden vor dem Essen morgens und mittags in natürlichem Zustand, in Honig konserviert oder lyophilisiert, eingenommen.

Hypertrophie der Prostata (Vorsteherdrüse)

Die Hypertrophie der Prostata tritt im fortgeschrittenen Alter ein, und zwar meistens als Folge einer Störung des Hormongleichgewichts. Die Erkrankung äußert sich durch gestörte Harnentleerung, Vergrößerung der Vorsteherdrüse, vermehrte Restmengen von Harn in der Harnblase. Eine häufige Begleiterscheinung ist die Bildung von Steinen in der Harnblase, Urethralstriktur und eine ständige Hämaturie (Blutharne). Die Behandlung ist operativ, jedoch müßten die Möglichkeiten der konservativen Therapie ausprobiert werden.
Zur Anwendung kommt der Bienenpollen in Frage.
Die Einnahme des Pollens wird in täglichen Gaben von 35–40 g, dreimal täglich in natürlichem oder konserviertem Zustand 1–2 Stunden vor dem Essen empfohlen. Die Behandlungsdauer beträgt 2–3 Monate, und wird in zwei Zyklen durchgeführt: zu Frühjahrsanfang und im späten Herbst. Als Prophylaxe werden kleinere Dosen Pollen (20 g täglich) in kürzer dauernden Zyklen von 1–2 Monaten empfohlen.

Chronische Prostatitis

Die Prostatitis ist eine Entzündung der Vorsteherdrüse (Prostata) und tritt vorwiegend in jungem Alter auf. Die Infektion dringt auf dem Blutweg oder über die Harnwege ein. Bei Laboruntersuchungen werden Veränderungen des Prostatasekrets festgestellt. Mit Rücksicht auf die Antientzündungs- und antibiotischen Eigenschaften der Propolis wird diese lokal angewandt. Gewöhnlich werden abends Stuhlzäpfchen, die Propolis und Wachs enthalten, in den After eingeführt. Gleichzeitig damit ist auch eine perorale (innere) Einnahme von Propolis, die sich auf 30–40 Tropfen 30%igem Alkoholextrakt in einem Löffel warmes Wasser oder Milch dreimal täglich 1–2 Stunden vor dem Essen beläuft, erforderlich. Statt des Alkoholextrakts ist ein Wasserextrakt (10%), der in 1–2 Suppenlöffeln dreimal täglich eingenommen wird, vorzuziehen. Der Behandlungszyklus beträgt 30 Tage, er wird 2–3mal in Abständen von 2 Monaten wiederholt.

Lebererkrankungen

Der Bienenhonig und der Bienenpollen werden mit Erfolg sowohl zur Heilung als auch zur Vorbeugung von Lebererkrankungen (Hepatitis, Hepatopathien, Hepatite infolge von Cholezysto- und Choledochopathien, anfängliche Zirrhosen u.a.) angewandt.
Die chronische Hepatitis tritt als Folge einer überstandenen infektiösen Hepatitis, Alkoholismus, infolge einer lang andauernden Erkrankung des Magen-Darmtraktes, bei Intoxikationen von Medikamenten und Stoffen aus den Gallengängen, wegen Blutstauung infolge von Herzschwäche u.a. auf. Die Erkrankung äußert sich durch dumpfe Schmerzen in der rechten Unterrippengegend, Verdauungsstörungen die manchmal mit Juckreizen verbunden sind.
Die Bienenprodukte werden selbständig angewandt oder in den Komplex der Grundtherapie in Form von 2–3monatigen Zyklen, die nach einer Pause von 1–2 Monaten wiederholt werden, miteinbezogen.
Der aus Nektar gewonnene Pfefferminz-, Wiesen-, Sonnenblumen-, Löwenzahn- und von anderen Pflanzen stammende Honig wird in täglichen Gaben von 100–120 g dreimal täglich, 1–2 Stunden vor dem Essen, in einem halben Glas warmes Wasser oder Kräuterdekokt verabreicht. Dem Kranken wird empfohlen, den gewöhnlichen Zukker möglichst durch Honig zu ersetzen.
Der Bienenpollen wird in täglichen Dosen 35–40 g pur oder mit Honig im Verhältnis 1:1 oder 1:2 vermischt eingenommen. In Hinsicht auf eine Erhöhung der Widerstandskräfte wird auch täglich die Einnahme von 60–120 mg Weiselfuttersaft in zwei Gaben empfohlen. Es wird empfohlen, daß der Honig die Kohlenhydrate und der Pollen die Eiweißstoffe in der Nahrung der Leberkranken möglichst ersetzt.

Erkrankungen des Nervensystems

Neurosen

Die Ursache dieser Erkrankungen sind psychische Traumata, verbunden mit negativen Emotionen und Überspanntheit. Nebenfaktoren sind unregelmäßige Lebensweise, ungenügender Schlaf, Intoxikationen (Alkohol, Tabakrauchen u.a.), Infektionen, die somatische (körperliche) Asthenie des Kranken verursachen u.a.m.
Die Neurosen äußern sich in erhöhter Reizbarkeit, Kopfschmerzen, Taumel, »Eingeschlafensein« von Gliedmaßen, Schlafstörungen, Herzschmerzen u.a.

Der Honig wurde seit altersher als beruhigendes und als Schlafmittel angewandt. Heute wird angenommen, daß der Honig als Regulator und Stimulator des zentralen Nervensystems wirkt. Empfohlen wird die Einnahme einer Tagesdosis von 100–120 g dreimal täglich 1–2 Stunden vor dem Essen. Abends wird der Honig eine halbe Stunde vor dem Schlafengehen eingenommen. Der Zyklus dauert 1–2 Monate. Nach einer Pause von 1½–2 Monaten wird die Einnahme wiederholt.

Die Honigbehandlung bei Neurosen kann bei leichteren Formen selbständig angewandt werden, während sie in schweren Fällen Bestandteil eines allgemeinen Behandlungsplanes sein kann. Geeignet in dieser Hinsicht sind der Lavendel-, der Wiesen- und andere Sorten Honig; das wichtigste allerdings ist die Forderung, reinen Nektarhonig zu gebrauchen und keinen Honig von Bienen, die mit Zucker genährt wurden.

Bei Neurosen werden auch die anderen Bienenprodukte mit Nähr- und Heilwert empfohlen – Weiselfuttersaft und Bienenpollen mit Rücksicht auf ihre allgemein stärkende Wirkung und ihren Einfluß auf das Nervensystem. Der Weiselfuttersaft wird in geringen Tagesgaben von 40–60 mg und der Pollen von 20–30 g verwendet. Die Einnahme erfolgt zweimal täglich (morgens und mittags) vor dem Essen.

Die Behandlung der Neurosen mit Bienenprodukten dauert mit zeitweiligen Unterbrechungen längere Zeit an. Es empfiehlt sich eine Kombination mit Mineralbädern, Massagen, Heilgymnastik u.a.

Erkrankungen des peripheren Nervensystems

Die peripheren Nerven können aus verschiedenen Ursachen angegriffen sein: allgemein-infektiöse, toxische, auf gewissen Mängeln (Vitaminmangel und andere) beruhende, als Erkältungsfolgen u.a. und lokale Erkrankungen benachbarter Organe und Gewebe. Sie charakterisieren sich durch Schmerzen (spontane, bei Druck und Dehnung des Nervenstranges), sensitive und motorische Störungen. Letztere äußern sich durch periphere Paresen (»lähmungsartige Schwächen«), vegetative, vasomotorische und trophische Störungen usw. Zu diesen Erkrankungen gehören die Radikulitis, Hexenschüsse, Lumbago (Lendenwehen), verschiedene Neuralgien u.a. Zur Behandlung werden von den Bienenprodukten das Bienengift und die Propolis angewandt.

a) Das Bienengift wird durch Bienenstiche oder durch Injektionen von Präparaten entlang des Nervenstranges und im entsprechenden

Segment der Wirbelsäule ins Gewebe eingeführt (eingespritzt). Der Behandlungszyklus dauert 2–3 Wochen bei einer Gesamtzahl der Stiche von 30–150 oder der entsprechenden Anzahl der Bieneneinheiten des Präparates. Diese Prozeduren werden 12–15mal bei allmählich erhöhten Dosen durchgeführt.
Bei der Akupunktur und Akupressur wird das Bienengift in die biologisch aktiven Punkte und Zonen der Haut eingeführt *(s. Abb. 25)*.
Die Mikroelektrophorese und die Mikrophonophorese mit Bienengift werden nach den Routinemethoden auf die biologisch aktiven Zonen der Haut angewandt.
Die Elektrophorese mit Bienengift wird nach der Längsmethode (Wirbelsäule-Extremität) durchgeführt. Die Phonophorese mit Bienengift wird nach der lokalen und segmentären Methode und mit labilem Ultraschall angewandt (s. physiotherapeutische Methoden).
Die Anwendung des Bienengifts erfolgt bei gleichzeitiger innerer Einnahme von Bienenprodukten mit Nähr- und Heileigenschaften: Bienenhonig (100–120 g täglich) bei drei Einnahmen vor dem Essen, gelöst in warmem Wasser, Pollen (35–45 g täglich) gut gemahlen oder zerkaut in drei Einnahmen mit etwas Wasser, Weiselfuttersaft (100–150 mg täglich) in zwei Einnahmen vor dem Essen.
b) Die Propolis wird bei Erkrankungen des peripheren Nervensystems nach folgenden Methoden eingenommen:
Einreiben mit 30–40%iger Propolissalbe mit oder ohne Zugabe von Salizylsäure entlang des Nervs und über dem entsprechenden Segment der Wirbelsäule;
Auflegen von leicht erwärmten Propolis-Wachs-Pflastern (10–15%) entlang des Nervs und des entsprechenden Wirbelsäulensegments;
Elektrophorese mit Propolis nach der Längsmethodik (Segment-Extremität) mit alkohol-wäßriger Emulsion (1:10) oder Wasserextrakt von Propolis (10%) (s. physiotherapeutische Methoden).
Phonophorese mit Propolis wird der Extremität entlang und segmentär nach den in der Praxis üblichen Methoden durchgeführt (s. physiotherapeutische Methoden).
Komplexe Behandlung – die Propolis wird zur Potenzierung ihrer Eigenschaften bei gleichzeitiger innerer Einnahme von Bienenprodukten mit Nähr- und Heileigenschaften (Honig, Weiselfuttersaft, Pollen) in üblichen Dosen eingenommen. Die Behandlung mit Propolis läßt sich gut mit Bienengift kombinieren.

Chirurgische Erkrankungen

Schwer heilende Wunden

Im Augenblick des Traumas wird die Ganzheit der Haut oder der Schleimhäute zerstört. Dadurch wird das Eindringen von Mikroorganismen und die Infektion der Wunde und des Grundes der Wunde erleichtert. Gewöhnlich beginnt in den ersten 6–8 Stunden die Vermehrung der Mikroorganismen, meistens Staphylokokken und Streptokokken. Dieser Umstand führt zu Komplikationen und verzögert das Verschließen der Wunden.

Das Wundliegen (Dekubitus) ist eine Art Absterben begrenzter Zonen der Haut bei Kranken mit geschwächtem Organismus infolge langen Liegens und Ernährungsstörungen. Das lang andauernde Andrücken der Haut gegen die oberflächlich befindlichen Knochen bei längerem Liegen führt zur Entblutung und Nekrotisierung und damit verbunden zu Fäulniszerfall und Infektion.

Die Unterschenkelgeschwüre (ulcus varicosum) werden vornehmlich durch Störungen des Blutkreislaufs infolge von Varizen (Krampfadern) in den Unterschenkeln verursacht. Am häufigsten treten die Geschwüre auf der vorderen Medialoberfläche des Unterschenkels, an der Grenze zwischen dem mittleren und unteren Drittel oder am unteren Drittel des Unterschenkels auf. Ihr Grund ist mit trägen, zyanotischen (blaugefärbten) Granulationen belegt. Die Haut in der Nachbarschaft ist pigmentiert.

Es werden folgende Bienenprodukte angewandt:

Die Propolis verbessert den lokalen Blutumlauf, sie besitzt einen antibiotischen, Antientzündungs- und regenerativen Effekt. Hinzu kommt noch die verbesserte Elastizität der Blutgefäße.

Lokal wird die Propolis als 10–15%ige Salbe mit entsprechendem Verband, der jeden Tag gewechselt wird, angewandt. Das Kennzeichen der Propolisverbände ist ihre schmerzstillende Wirkung. Der Verbandsmull bleibt nicht an der Wunde kleben und traumatisiert die Granulationen nicht. Zum selben Zweck wird auch Propolisspray angewandt, wobei eine dünne Filmschicht die Wunde schützt. Empfohlen wird auch das Auflegen von feuchten oder trockenen Verbänden mit Propolis-Wasserextrakt (10%) oder Propolispuder. Die Behandlung dauert in Abhängigkeit von der Schwere der Erkrankung zwischen 15 und 60 Tagen. Parallel zur lokalen Anwendung kann die Propolis auch innerlich eingenommen werden. Die Verabreichung erfolgt in Form von wäßrigem oder Alkoholextrakt in den üblichen Gaben.

Die Honigbehandlung besteht im Einreiben der Wunde mit reinem Nektarhonig, in lokalen Bädern oder Kompressen mit 30%iger Lösung.
Das Bienengift wird in kurzen Behandlungszyklen durch Injektionen in der Umgebung der Wunde angewandt. Üblich ist auch das Einreiben mit Salben oder Lokalbäder mit Präparaten, die Bienengift enthalten. Vorher muß jedoch die Empfindlichkeit des Kranken gegenüber Bienengift geprüft werden.
Die komplexe Behandlung mit Bienenprodukten umfaßt auch die zusätzliche Einnahme von Weiselfuttersaft und Bienenpollen. Der Pollen wird innerlich eingenommen, und zwar 35–40 g in dreimaligen Tagesgaben gut gemahlen oder zerkaut. Vom Weiselfuttersaft werden 150–250 mg einmalig oder zweimalig eingenommen. Der Weiselfuttersaft kann auch lokal angewandt werden. Der Behandlungszyklus dauert je nach Schwere der Erkrankung 30–40 Tage.

Verbrennungen

Verbrennungen entstehen unter Einwirkung hoher Temperaturen oder bestimmter chemischer Stoffe auf die Haut. Gewöhnlich tritt bei schweren Verbrennungen unmittelbar ein Schock auf, der von erniedrigtem Blutdruck, Kreislaufstörungen, Störungen der Atmung und der Wärmeregulierung und einer Hypothermie (Herabsetzung der Körpertemperatur) begleitet ist. Infolge der hohen Steigerung der Durchlässigkeit der Kapillaren dringt Plasma in die Zwischenzellenräume ein. Dies führt seinerseits zu Schwellungen, Verdichtung des Blutes und Verringerung des Volumes des umlaufenden Blutes. Zwei bis drei Tage später kommt es in der Gegend der Verbrennung zur Zersetzung des Eiweißes unter Bildung von Toxinen in deren Folge eine Autointoxikation eintritt.
Die Propolis wird dank ihrer betont schmerzstillenden, antientzündlichen, kapillarstärkenden, regenerativen und antitoxischen Wirkung mit Erfolg bei der Heilung von Verbrennungen angewandt. Nach der entsprechenden Vorbehandlung werden auf die Verbrennungsstelle 2–3 Lagen mit Propolissalbe bestrichener Verbandmull aufgelegt. Die Salbe enthält 15% Propolis. Die Verbände werden je nach Bedarf jeden oder jeden zweiten Tag gewechselt. Die höheren oder niedrigeren Konzentrationen der Salbe weisen eine geringere therapeutische Wirkung auf.
Innerlich wird die Propolis in Form eines wäßrigen Extraktes (10%) jeweils 2–3 Löffel dreimal täglich vor dem Essen eingenommen.

Schädigungen nach Röntgentherapie

Die Bestrahlung verschiedener Gegenden des Körpers mit Ionisierungsstrahlen zu therapeutischem Zweck – die sogenannte Strahlungstherapie in der gegenwärtigen Medizin – wird bei der Behandlung bösartiger Geschwülste und anderer Erkrankungen angewandt. Hierbei wird von der Annahme ausgegangen, daß bei Anwendung einer bestimmten Dosis Strahlen, die Geschwulstzellen vernichtet werden können, bei gleichzeitiger maximalen Schonung der gesunden Gewebe in der Umgebung. Leider kommt es hierbei sehr oft neben der Zerstörung der Geschwulstzellen auch zur Schädigung der gesunden Gewebe.

Die verschiedenen menschlichen Gewebe besitzen eine unterschiedliche Strahlenempfindlichkeit. In Abhängigkeit von der angewandten Strahlendosis treten in der Haut destruktive Veränderungen auf, die sogenannte Radiodermitis (durch Bestrahlung hervorgerufene Entzündungen der Haut). Je nach der Bestrahlungsdauer ist die Radiodermitis akut (ersten, zweiten und dritten Grades) und chronisch.

Bei der akuten Radiodermitis zweiten und dritten Grades erscheinen auf der angeschwollenen, stark geröteten und sekretierenden Haut Blasen, die nachträglich zur Geschwürbildung führen. Die Genesung dauert Monate, Jahre und manchmal bei Radiodermitis dritten Grades kommt es überhaupt nicht zur Genesung der destruktiven Veränderungen. Solche Veränderungen werden gewöhnlich durch eine massierte Strahlentherapie verursacht.

Die chronische Radiodermitis ist gewöhnlich eine berufliche Schädigung infolge der Aufnahme kleinerer Dosen von Röntgenstrahlen. Sie äußert sich in einer Atrophie der Haut und ihrer Fortsätze (Schweißdrüsen, Follikel u.a.).

Außer in der Haut, unter Einfluß der zerstörenden Wirkung ionisierender Strahlen, treten Veränderungen auch in den blutbildenden Organen auf: Leukopenie – Verarmung an Leukozyten – weiße Blutzellen, Thrombopenie (Herabsetzung der Blutplättchen); Schädigungen des Verdauungssystems, besonders des Dünndarms, mit Bildung von Geschwüren und damit verbundenen Blutergüssen u.a.; Schädigungen der Genitalorgane (Atrophie), Strahlungsbronchitis, Lungenentzündungen u.a.

Die ionisierenden Strahlen führen zu Veränderungen der Durchlässigkeit der Blutgefäße, im Kohlenhydrat-, Fett- und Eiweißstoffwechsel, im Elektrolytengleichgewicht usw. Für die Schwere der Erkrankung ist das Auftreten einer Sekundärinfektion und eine gestörte Re-

sorption der Nahrungsmittel von Bedeutung. Eine besonders ungünstige Tatsache ist der Mangel an Regeneration der Haut und der Schleimhäute.
Die Propolis wirkt stark regenerativ auf die geschädigten Gewebe, außerdem übt sie eine antientzündungs- und antibakterielle Wirkung aus auf dem Hintergrund einer allgemeinen Steigerung der Schutzkräfte des Organismus. Die Anwendung erfolgt in Form eines 30%igen Alkoholextrakts dreimal täglich jeweils 30–40 Tropfen vor dem Essen in einem Löffel warmer Milch oder warmen Wassers. Verwendet wird auch Wasserextrakt der Propolis (10%) in Gaben von 2–3 Suppenlöffeln, dreimal täglich 1–1½ Stunden vor dem Essen. Die Behandlung ist langandauernd (2–6 Monate und manchmal mehr). Parallel zu den inneren Behandlungsmaßnahmen werden auch Einreibungen oder Verbände mit 15%iger Propolissalbe angewandt.

Gynäkologische Erkrankungen

Weißfluß und Geschwür am Gebärmutterhals

Normalerweise hat die Scheide eine bestimmte Flora, die die nötige Feuchtigkeit unterhält und als biologischer Schutz gegen die krankheitserregenden Mikroorganismen dient. Bei Entzündungsprozessen der Scheide, der Gebärmutter, ihres Halses und deren Gänge tritt eine jähe Zunahme der Feuchtigkeit ein und äußert sich als Weißfluß (Fluor), in dessen Folge sich gewöhnlich ein Geschwür (Erosio) am Gebärmutterhals ausbildet. Am häufigsten wird die Erkrankung von den Erregern des Trippers und von den Pilzen Trichomonas vaginalis und Candida albicans verursacht. Die Pilze sind die häufigste Ursache für das Auftreten des Weißflusses und sind schwer heilbar. Die Infektion wird gewöhnlich auf sexuellem Weg übertragen, aber dies ist nicht immer der Fall. In fortgeschrittenem Alter tritt Weißfluß gewöhnlich als Folge atrophischer Prozesse der Schleimhaut der Scheide und bei Kindern infolge des Vorhandenseins von Darmparasiten auf. Die Erkrankung äußert sich durch eine ständige Sekretion mit unangenehmem Geruch, Juckreiz usw.
Zur Behandlung des zervikalen und vaginalen Fluors als Folge eines Entzündungsprozesses, sowie der Erosion am Gebärmutterhals wird eine Honig- und Propolistherapie folgender Methoden angewandt:

a) Lokale Applikationen von Honig und Propolis

Kristallisierter Honig oder eine Propolis-Honig-Paste in der Größe einer Walnuß (10–15 g) wird in eine Lage Verbandmull eingewickelt und als Scheidentampon eingeführt. Vorher muß die Scheide vom Sekret gut gereinigt werden. Die Enden des Mulls müssen herausragen, damit nach 3–6 Stunden die Kranke den Tampon selbst herausziehen kann. Möglich ist auch ein Wattebausch in Verbandmull, der in 50%iger wäßriger Honiglösung, alkoholwäßriger Emulsion (1:10) oder wäßrigem Extrakt von Propolis (10%) getränkt ist.

b) Ausspülen der Scheide

Zu diesem Zweck wird eine 30%ige wäßrige Honiglösung, alkoholwäßrige Emulsion (1:100) oder Wasserextrakt von Propolis (5%) verwendet. Diese Ausspülungen werden nach den üblichen Methoden durchgeführt.

c) Einreibungen der Scheide

Angewandt werden 50%ige Wasserlösung von Honig, 15%ige Propolissalbe auf Vaselinbasis oder Extraktionsliniment (20%) auf Sonnenblumenölbasis.

d) Scheidensuppositoria (Zäpfchen) aus Propolis

Zu ihrer Herstellung werden Propolis und Kakaobutter angewandt. Diese Zäpfchen werden gewöhnlich abends tief in die Scheide eingeführt.

e) Elektrophorese der Scheide

Verwendet werden in 30%ige Wasserlösung von Honig, alkoholwäßrige Emulsion (1:10) oder Wasserextrakt von Propolis (10%) getränkte Tampons. Die Prozedur wird nach direkter oder indirekter Hohlraummethodik durchgeführt (s. physiotherapeutische Methoden).

f) Komplexe Behandlung mit Bienenprodukten

Die lokalen Prozeduren werden mit innerer Verabreichung von Bienenprodukten mit Nähr- und Heileigenschaften wie Honig, Pollen und Weiselfuttersaft in üblichen Dosen zwecks Stärkung des gesamten Organismus kombiniert.

Klimakterische Störungen und Dysmenorrhoe (schmerzhafte Regelblutung)

Es wird empfohlen, Bienenpollen gut zerkaut oder gemahlen in üblichen Gaben und Weiselfuttersaft in natürlichem, konserviertem Zustand oder von ihm hergestellte Präparate in täglichen Gaben von 60–80 mg zu nehmen. Manche Autoren empfehlen größere Dosen Weiselfuttersaft (bis zu 250 mg pro Tag).

Stomatologische Erkrankungen

Erkrankungen der Schleimhaut der Mundhöhle

Zu den Schleimhautprozessen der Mundhöhle gehören die Papillite, die Zahnfleischentzündungen und die Mundschleimhautentzündungen. Die häufigste Ursache ist die Ablagerung von Zahnstein am Zahnhals, kariöse Zähne, nicht extrahierte Zahnwurzeln, das Rauchen, nicht gut anliegende Prothesen u.a.

Die Zahnfleischentzündungen äußern sich durch Rötung der Schleimhaut des Zahnfleisches verbunden mit Schmerzen und Bluten. Diese Erscheinungen sind besonders stark in den Zahnfleischpapillen ausgeprägt. Angewandt wird 5%ige alkohol-wäßrige oder alkohol-ölige Emulsion (1:1, 1:2) von Propolis, mit der das Zahnfleisch eingerieben wird. Zum selben Zweck kann auch 20%ige Extraktionssalbe von Propolis auf Vaselinbasis mit oder ohne Zusatz von Kräuterdekokt, fein zerriebenen Bienenpollen u.a. angewandt werden. Empfohlen wird auch Spray von 10%igem Propolisextrakt, das Kauen von natürlich reiner Propolis oder Kaugummi, der Wachs und Propolis im Verhältnis 2:1 enthält. Mehrmals täglich werden Massagen mit dem Finger oder einer speziellen Bürste, die in einer alkohol-öligen Emulsion von Propolis (1:2, 1:1) eingetaucht ist, durchgeführt. Die Stomatite sind Entzündungen der Mundschleimhaut. Man unterscheidet katarrhalische, aphtose und ulzerative Entzündungen. Die Ursachen, die diese Erkrankungen auslösen, sind mannigfaltig: Infektionen, Intoxikationen, mechanische, chemische und thermische Einwirkungen. Klinische Äußerungen der Stomatite sind Rötungen, Schwellungen, Bluten und Schmerzen in der Mundschleimhaut u.a. Behandelt wird diese Erkrankung durch Einreiben der Schleimhaut mit alkohol-wäßriger (1:5) oder alkohol-öliger (1:2) Emulsion, Extraktionssalben, Spray (20%), Kaugummi, der Propolis-Wachs enthält, Propolis-Honigpasten, Spülen des Mundes mit Propolisextrakten u.a.

Chronisch rückfallende Aphten haben verschiedene Ursachen. Sie sind schwer heilbar und erfordern eine komplexe Therapie. Heutzutage wird angenommen, daß eine autoimmune und Virusätiologie dahintersteht. Die Propolis ist dank ihrer schmerzstillenden, antibiotischen und epithelial-regenerierenden Wirkung für die Behandlung geeignet. Es werden Touchierungen der Aphten mit 30%igem Extrakt durchgeführt. Es kann auch eine alkohol-ölige Emulsion (1:2, 1:1) oder 20–30%ige Extraktionssalben auf Glyzerinbasis, Sonnenblumenöl u.a. angewandt werden. In schweren Fällen wird das Touchieren der Aphten mit 100%iger Propolis (100 g Propolis, extrahiert mit 100 ml Alkohol) empfohlen.

Parodontose

Eine Erkrankung, die die Umgebungsgewebe der Zähne befällt. Im Grunde liegt ein primär atrophischer Zahnbettschwund als senile Atrophie des Paradonts oder als atrophia alveolaris praecox vor, wobei pathologische Zahnfleischtaschen unterhalb des Zahnfleisches entstehen. Es tritt eine Lockerung der Zähne ein. Zur Behandlung wird der Zahn funktionsunfähig gemacht. Es werden Kürettage der pathologischen Zahnfleischtaschen, orthopädische und chirurgische Maßnahmen u.a. durchgeführt.
Die Propolis wird folgendermaßen angewandt:

a) Äußere Anwendung
Nach gründlicher Kürretage werden die Zahnfleischtaschen trainiert, und zwar mit 5%iger alkohol-wäßriger oder alkohol-öliger (1:2, 1:1) Propolisemulsion, es werden biologische Verbände mit Propolisspray (10–20%) aufgelegt, Kaugummi aus natürlicher Propolis gekaut oder Pastillen aus Propolis und Bienenwachs u.a. verwendet. Es wird empfohlen, nach vorläufiger Präparation (Entfernung des Granulationsgewebes und des Zahnsteines) in die Zahnfleischtaschen folgende Kombination einzuspritzen: 30 g Propolis, 70 g Dipropylenglykol und 0,5 g Wachs. Den Kranken wird empfohlen, die Zähne mit Pasten zu putzen, die Propolis enthalten, sowie mehrmals die Mundhöhle mit Propoliswasser energisch zu spülen.

b) Physiotherapeutische Anwendung
Nach vorläufiger Präparation der Gewebe, die die Zähne umgeben, wird eine Galvano- oder Impulsophorese mit Propolis oder eine Phonophorese durchgeführt (s. physiotherapeutische Methoden).

c) Komplexe Behandlung

In Hinsicht auf die Gesamtwirkung auf den Organismus und Erhöhung seiner immunologischen Möglichkeiten wird eine innere Anwendung von Propolis (30%iger Alkoholextrakt, jeweils 30–40 Tropfen dreimal täglich in einem Löffel warmen Wassers oder Milch eine bis anderhalb Stunden vor dem Essen) empfohlen. Außerdem werden Bienenprodukte mit Nähr- und Heileigenschaften wie Bienenhonig, Bienenpollen und Weiselfuttersaft in üblichen Gaben empfohlen.

Nachextraktionsschmerzen

Solche Schmerzen treten gewöhnlich in den ersten Tagen nach dem Ausziehen des Zahnes bei Störungen des normalen Schließen der Wunde auf. Ursache dafür kann das Trauma der Umgebungsgewebe oder eine eingetretene Infektion sein. Die Behandlung mit Propolis ist angezeigt wegen ihres schmerzstillenden, antibiotischen, kapillarstärkenden und epithelregenerativen Effekts. Angewandt wird Tuschieren mit alkohol-wäßriger Emulsion (1:5) sowie Gurgeln mit propoliswäßriger Emulsion (1:100), die bis 37 °C erwärmt wird.

Karies

Die Ursache liegt vor allem in der nicht genügenden Pflege der Zähne sowie einer Störung des Mineralstoffwechsels, der D-Avitaminose, dem »Ultravioletthunger«, einigen Bluterkrankungen, Veranlagung u.a. Vererbungseigenschaften tragen gleichfalls dazu bei. Die Karies äußert sich in der Zerstörung des harten Zahngewebes des Zahnschmelzes und des Zahnbeines (Dentis). Anfänglich äußert sie sich durch leichte und danach durch heftige Schmerzen unter Einfluß von mechanischen, chemischen und thermischen Reizen. Hier findet die Propolis in Form von 5%igem Alkoholextrakt, in dem ein Tampon getränkt wird und innerhalb von 3–4 Minuten in die Zahnhöhle eingeführt wird, Anwendung.

Diese Behandlung wird zweimal in einem Zeitabstand von 5–6 Minuten durchgeführt. Der Zahn wird empfindungslos, wonach der Zahnarzt ihn ungehindert bearbeiten kann.

Die Elektrophorese mit Propolis wird nach Routinemethoden durchgeführt (s. physiotherapeutische Methoden).

Erhöhte Empfindlichkeit des Zahnes (Schmerzhaftigkeit des Zahnbeins)

Sie tritt bei bestimmten pathologischen Zuständen, entblößten Zahnhälsen, Defekten im Zahnschmelz u.a. ein. In solchen Fällen verursachen sogar ganz schwache mechanische, chemische oder thermische Reize starke Schmerzen. Anwendung findet hierbei 5%iger Propolisextrakt, mit dem ein Tampon getränkt wird, womit die entsprechende Oberfläche des Zahnes eine Minute lang eingerieben wird. Die Behandlung wird nach 3–4 Minuten wiederholt.

Pulpitis (Enzündung des Zahnmarks)

Hierbei handelt es sich um Komplikationen bei fortgeschrittener Zahnkaries. Die Pulpite können akut oder chronisch sein. Die Behandlung beginnt nach dem Ausziehen des Zahnmarks der Wurzelkanäle. Es wird eine alkohol-wäßrige Emulsion von Propolis (1:2) benutzt, mit der der Zahnkanal behandelt wird. Zur mortalen Amputation wird ein 10%iger Alkoholextrakt von Propolis, vermischt mit Zinkoxyd im Gewichtsverhältnis 1:5 angewandt.

Zur Sterilisation der Wurzelkanäle und besonders zur Sterilisation der periapikalen Gewebe wird eine Elektrophorese mit Propolis angewandt (s. physiotherapeutische Methoden).

Bei gangrenösem (brandigem) Zerfall des Zahnmarks (Zahnpulpa) wird zur Behandlung alkohol-wäßrige (1:5) Emulsion von Propolis nach vorläufiger Bearbeitung der Wurzelkanäle verwendet. Gleichfalls wird eine direkte Hohlraumelektrophorese mit Propolis durchgeführt (s. physiotherapeutische Methoden).

Periodontitis (Entzündung der Wurzelhaut des Zahnes)

Verursacht traumatisch durch Stoß, überstarkes Aufbeißen auf einen harten Gegenstand, infektiös durch eine Übertragung aus einer Pulpitis oder einer Zahnfleischtasche u.a. Sie äußert sich durch Empfindlichkeit des Zahnes auf Druck. Beim Fortschreiten des Entzündungsprozesses kann es zur Eiterbildung kommen, wobei die Schmerzen ununterbrochen, unerträglich und pulsierend werden. Zur Behandlung wird eine Wurzelelektrophorese mit Propolis nach den Routinemethoden durchgeführt (s. physiotherapeutische Methoden).

Bei schwereren Fällen wird nicht nur die äußere physiotherapeutische Behandlung, sondern auch die perorale Einnahme von 30%igem Extrakt von Propolis dreimal täglich jeweils zu 30–40 Tropfen anderthalb Stunden vor dem Essen in einem Löffel warmen Wassers oder Milch, oder von wäßrigem Extrakt (10%) jeweils 1–2 Suppenlöffel dreimal täglich vor dem Essen, durchgeführt. Bei peroraler Einnahme wird die Flüssigkeit einige Minuten lang im Mund gehalten. In diesem Fall ist nicht bloß die direkte antibiotische und regenerative Wirkung der Propolis von Bedeutung, sondern auch die gesamte Wirkung auf den Organismus, die Reaktivierung der immunologischen Kräfte.

Hautkrankheiten

Die Bienenprodukte werden mit Erfolg bei der Behandlung gewisser Hauterkrankungen angewandt. Benutzt werden die Propolis, der Honig, der Weiselfuttersaft und der Bienenpollen sowie das Bienenwachs.
Bei schwereren Fällen werden diese Produkte komplex angewandt. Zweck dabei ist die Gesamtwirkung auf den Organismus.

Alopecia Areata (Kreisförmiger Haarausfall)

Der Erkrankung zugrunde liegen neurotische Störungen, schwere und langdauernde Infektionen, Nervenschock u.a. Der Haarausfall macht sich fleckenweise oder durch den totalen Ausfall der Haare bemerkbar, gewöhnlich des Kopfes, seltener des Bartes. An den Stellen des Haarausfalles weist die Haut keine Veränderungen auf.
Die Propolis wird in Form von täglichen lokalen Applikationen 50%iger Salbe unter Zusatz von 5%iger Salizylsäure angewandt. Zubereitet wird die Salbe auf der Basis von Pflanzenöl, Vaselin u.a. Sie wird durch Einreiben einer relativ dicken Schicht auf die entblößte Stelle aufgetragen. Parallel dazu wird die Propolis auch peroral verabreicht: 30%iger Alkoholextrakt (jeweils 30–40 Tropfen dreimal täglich eingenommen in einem Löffel warmem Wasser) oder 10%iger Wasserextrakt (1–2 Suppenlöffel dreimal täglich). Die Einnahme erfolgt eine bis anderthalb Stunden vor dem Essen. Zusätzlich kann auch Weiselfuttersaft in Mengen von 180 mg täglich in zweimaligen Gaben vor dem Essen verwendet werden. Die Einnahme erfolgt morgens und abends. Die Behandlung dauert 2–3 Monate, nötigenfalls auch 5–6 Monate.

Epidermophytie der Haut (Pilzkrankheit der Epidermis)

Verursacher ist der Pilz Epidermophyton floccosum. Er kommt vor allem in jenen Gegenden des Körpers vor, wo mehr Schweiß abgesondert wird (Fußsohle, Handflächen, Leistenfalten). Die Propolis wird lokal in Form einer 50%igen Salbe mit 5% Salizylsäure ohne vorläufige Präparation der entsprechenden Gegend angewandt. Die Volksmedizin empfiehlt Einreiben mit Propolisextrakt, vorbereitet aus 50 g zerschnittener Propolis, gelöst in 100 g Salizylalkohol oder in derselben Menge Weinessig.

Hyperkeratose der Fußsohlen (übermäßige Hautverhornung), Hühneraugen, Warzen

Diese Erscheinungen werden mit einer 50%igen Propolis-Salizylsalbe, die in einer dicken Schicht direkt auf die kranke Stelle aufgetragen wird, behandelt. Die Stelle wird durch einen Streifen Leukoplast mit einem entsprechend großem Ausschnitt begrenzt. Die Propolisschicht wird mit einem weiteren Streifen Leukoplast bedeckt, und diese Pflaster verbleiben 3–4 Tage. Diese Behandlung kann 3–4mal wiederholt werden.
In der Volksmedizin werden Scheiben aus natürlicher Propolis auf die befallene Stelle, beschränkt durch Leukoplaststreifen, aufgelegt, die 2–3 Tage beibehalten werden. In solchen Fällen herrscht die Gefahr einer Wundenbildung, die allerdings schnell und ohne Narben heilt.

Hauttuberkulose

Verursacher der Erkrankung ist das Microbacterium tuberculosis. Die Erkrankung äußert sich durch destruktive Veränderungen. Die Behandlung mit Propolis wird mit 50%iger Extraktionssalbe, die unter Wachspapier oder Leukoplast aufgetragen wird – bei der verrukösen (warzenförmigen) Form für 3–4 Tage und bei indurativer Form täglich. In manchen Fällen wird zwecks schnellerem Zerstören der groben Hautverhornungsbildungen anfänglich eine 50%ige Propolis-Salizylsalbe angewandt und danach wird zur Anwendung von Extraktionssalben (50, 40, 30%) übergegangen. Die Behandlung dauert 1–3 Monate. Paralell zur lokalen Behandlung wird auch die innerliche (perorale) Einnahme einer Propolispaste auf Kuhmilch oder Bienenhonig (10–20%) praktiziert, Weiselfuttersaft (120–100 mg einmal täglich) und Bienenpollen (40–50 g täglich), die in dreimaligen Gaben verteilt vor dem Essen, eingenommen werden. Die Behandlung wird mit Sonnenbädern oder Ultraviolettbestrahlung kombiniert.

Ekzem (Diffuse Epidermodermitis)

Als Ursache der Erkrankung wird die Veränderung der neuroallergischen Reaktivität des Organismus infolge von Störungen im Stoffwechsel, Intoxikationen, neurotischen Störungen, Erkrankungen des Magen-Darmtraktes, lokalen Einwirkungen chemischer Stoffe verschiedenen Charakters u.a. gesehen. Die Erkrankung tritt mit Rötung und Anschwellung der Haut (Erythemstadium) auf, nachträglich bilden sich Bläschen, die beim Öffnen eine ausgedehnte feuchte Fläche bilden (erosives Stadium). Es folgt cin Eintrocknen des Ausschlages, es bildet sich eine Kruste, es tritt eine Epithelisation ein, begleitet von einer Schuppung (Desquamationsphase). Ihrem Verlauf nach unterscheidet man akute, subakute und chronische Ekzeme während man klinisch folgende Unterteilungen kennt: echte, dyshidrose, seborrhoide, traumatische, mikrobielle und berufliche.
Die Propolis besitzt antientzündungs-, antibiotische, epithelregenerative, juckreizmildernde und immunologische Eigenschaften, aus welchem Grunde sie bei der Behandlung von Ekzemen angezeigt ist. Sie wird als 20%ige Extraktionssalbe parallel zur peroralen Einnahme von 30–40 Tropfen 30%igen Alkoholextraktes dreimal täglich vor dem Essen in einem Löffel warmer Milch oder warmen Wassers genommen. Vorzuziehen ist ein 10%iger wäßriger Extrakt (jeweils 1–2 Suppenlöffel 3–4mal vor dem Essen). Allerdings wird dieser Extrakt schwieriger zubereitet und hat eine Dauer von nur ca. 10 Tagen. Die Propolis wird parallel zur peroralen Einnahme von Bienenprodukten mit Nähr- und Heileigenschaften zur allgemeinen Stärkung des Organismus angewandt (Honig 100–120 g verteilt auf drei Gaben täglich, gelöst in Wasser; Pollen 35–40 g täglich verteilt in drei Gaben gut gemahlen oder zerkaut und Weiselfuttersaft 120–180 mg pro Tag verteilt auf zwei Gaben).

Neurodermitis

Eine führende Rolle für das Auftreten dieser Krankheit spielt das Nervensystem. Eine gewisse Bedeutung haben auch manche Intoxikationen, endokrine Störungen sowie auch manche andere Ursachen auf dem Fonds einer allergischen Reaktivität des Organismus. Die Neurodermitis ist beschränkt oder ausgedehnt (diffus). Tritt hauptsächlich mit Infiltrationen, auf grober, trockener Haut, als kleine konfluierende Papeln auf. Sie macht sich am häufigsten am Hals, Nakken, an den Kniekehlen, Ellenbeugen, den inneren Oberschenkelflächen und den äußeren Genitalorganen bemerkbar. Die Krankheit ist von starkem Juckreiz begleitet.

Bei dieser Erkrankung weist die Propolis eine betonte gegenjuckreiz- detoxierende und stärkende Wirkung auf. Die Anwendung erfolgt als 20%ige Extraktionssalbe, die in dünner Schicht unter einem Verband auf den Herd aufgetragen wird. Die Verbände werden jeden zweiten Tag gewechselt. Gleichzeitig damit wird auch perorale Einnahme von Propolis (dreimal täglich jeweils 30–40 Tropfen eines 30%igen Alkoholextraktes), von Bienenpollen (35–40 g verteilt auf drei Gaben täglich), Weiselfuttersaft (80–120 mg verteilt auf zwei tägliche Gaben) und Bienenhonig (80–100 g dreimal täglich). Die komplexe Behandlung wird zwecks allgemeinem Einfluß auf den Kranken und speziell auf das Nervensystem durchgeführt.

Herpes Simplex

Wird verursacht von einem filtrierbaren Virus. Es äußert sich als lokal begrenzter Blasenausschlag auf den Lippen oder anderen Körperteilen. Tritt besonders bei Fieber, insbesonders bei Grippe, Malaria, Magenstörungen usw. auf. Die Propolis wird äußerlich in Form eines Alkoholextraktes (30%) oder als 20%ige Salbe angewandt. Auch der Weiselfuttersaft besitzt eine Antiherpesaktivität. Zum Einreiben wird Weiselfuttersaft in natürlichem oder in Honig konserviertem Zustand verwendet. Die Behandlung erfolgt mehrmals täglich.

Herpes Zoster (Gürtelrose)

Wird von einem neurotrophischen Virus verursacht. Eine wesentliche Rolle spielt auch der Erkältungsfaktor sowie einige Medikamente, die imstande sind eine latente Infektion zu provozieren. Die Erkrankung äußert sich, durch das Auftreten einer Gruppe von Bläschen an einer bestimmten Stelle nur an einer Hälfte des Körpers. Charakteristisch dabei ist, daß der Ausschlag dem Hautnerv entlang, mit einem heftigen Schmerz und Juckreiz verbunden, auftritt. Gewöhnlich geht der Schmerz dem Ausschlag voraus und hält lange Zeit nach dessen Schwinden an.

Die Propolis wird in der Anfangsphase der Erkrankung angewandt. die Stelle des Ausschlages wird mit 5–10%igem Alkoholextrakt eingerieben; falls die Schmerzen weiter anhalten wird ein energisches Einreiben eines Alkoholextraktes (20–30%) mit der Handfläche oder die Anwendung von Salben (15–20%) empfohlen. Bei starken Schmerzen wird auch eine Elektrophorese mit Propolis empfohlen (s. physiotherapeutische Methoden).

Akne Juvenilis (Papeln)

Treten gewöhnlich in der Periode des geschlechtlichen Reifens, höchstwahrscheinlich infolge endokriner Störungen und Störungen im Fettstoffwechsel, Störungen im Verdauungsprozeß, verschiedener Intoxikationen u.a. in Erscheinung. Sie treten als derbe, dichte Knoten in der Größe eines Erbsenkornes auf, die anschließend eitern. Die auftretenden Papeln befinden sich gewöhnlich in verschiedenen Entwicklungsstadien. Nach ihrem Schwinden lassen sie unangenehme narbenförmige Gebilde zurück. Sie lokalisieren sich im Gesicht, auf der Brust und auf dem Rücken. Oft sind sie in Begleitung einer Seborrhoe (gesteigerten Absonderung der Talgdrüsen des Kopfes).

Empfohlen wird lokale Einreibung der vorläufig geöffneten Papeln mit 30%igem Alkoholextrakt von Propolis, danach kann zum Einreiben mit 10–15%igem Unguent (Salbe) übergegangen werden. Parallel zur lokalen Behandlung wird auch innerlich ein wäßriger Extrakt (10%) von Propolis jeweils 1–2 Suppenlöffel dreimal täglich oder 30 Tropfen von 30%igem Alkoholextrakt gleichfalls dreimal täglich vor dem Essen eingenommen. Die Papeln können wechselweise mit Propolis und natürlichem oder in Honig konserviertem Weiselfuttersaft eingerieben werden.

Die Anwendung der Propolis kann mit Bienenpollen kombiniert werden, da letzterer auf das Genitalsystem Einfluß ausübt. Er wird in Mengen von 35–40 g täglich in dreimaligen Gaben gut zerkaut oder gemahlen eine oder zwei Stunden vor dem Essen eingenommen. Er kann in natürlichem Zustand oder aber auch in Honig konserviert im Verhältnis 1:1 oder 1:2 eingenommen werden. In diesem Fall wird aus dem Gemisch jeweils ein Suppenlöffel dreimal täglich in warmem Wasser gelöst, eingenommen. Parallel zu der Behandlung mit Bienenprodukten werden auch Sonnenkuren oder Ultraviolettbestrahlungen empfohlen. Die Behandlung dauert 1–2 Monate.

Eitrige Prozesse der Haut (Furunkel, Pyodermie, Impetigo, Panaritium)

Diese Erkrankungen werden durch Staphylokokken- oder Streptokokkeninfektionen verursacht. Zum Auftreten der Erkrankungen tragen die Erschöpfung des Organismus, Störungen im Stoffwechsel, chronische Magen- und Darmerkrankungen, endokrine Störungen u.a. bei. Das klinische Bild ist ziemlich unterschiedlich in Abhängigkeit von der Natur des Erregers, der Reaktivität des Organismus und der Lokalisation des Prozesses.

Die Propolis wird wegen ihrer betont lokalen antibiotischen, Antientzündungs- und epithelregenerativen Wirkung benutzt. Angewandt werden Salben (20–30%) auf Vaselinbasis mit oder ohne Salizylsäure (2–3%). In schweren Fällen wird die Propolis parallel zur äußeren Anwendung auch peroral als 10%iger Wasserextrakt jeweils 1–2 Suppenlöffel 3–4mal täglich vor dem Essen oder als Propolis-Honigpaste (15%) jeweils drei Teelöffel täglich vor dem Essen eingenommen.
Zur allgemeinen Stärkung werden Bienenprodukte mit Nähr- und Heileigenschaften (Bienenhonig, Pollen und Weiselfuttersaft) in der Praxis in den üblichen Tagesgaben verabreicht.
Die Volksmedizin empfiehlt folgende Salbe zur Behandlung von eitrigen Prozessen auf der Haut:

Tannenvaselin	6 Tuben (108 g)
Gelbes Wachs	15 g
Propolis	13 g
Mastix	1 g
Rosenkonkret	2 g

Die Vaselin, das Wachs und der Mastix kommen in ein Wasserbad. Nach Aufkochen des Wassers und nach dem Schmelzen des Mastix und des Wachses wird die kleingeschnittene Propolis hinzugefügt. Dies geschieht unter ständigem Rühren im Laufe von 5 Minuten. Die Propolis fängt an rötlich zu werden unter Ausscheidung eines starken Aromas. Das erhaltene Gemisch wird durch ein doppeltes Mull in ein Gefäß mit rundem Boden auf vorne aufgetragenes Rosenkonkret gesiebt und bis zum Erkalten mit einem Holzlöffel umgerührt. Es bildet sich eine homogene Masse.
Diese Salbe wird bei Verbrennungen, ungeheilten Wunden, Hämorrhoiden, Herpes u.a. verwendet.

Psoriasis (Schuppenflechte)

Die Ursache dieser Erkrankung ist unbekannt. Sie äußert sich durch rosafarbene flache oder über das Hautniveau erhöhte Regionen. Sie lokalisiert sich vornehmlich in den Dehnungsflächen der oberen und unteren Extremitäten. Die befallenen Stellen sind mit Schuppen bedeckt. Ihr Verlauf ist chronisch rückfallend. Die Heilung ist sehr schwierig und oft erfolglos. Empfohlen wird die perorale Einnahme von Propolis in den üblichen Formen und Gaben. Gleichzeitig damit

können die befallenen Stellen mit 15–20%iger Salbe von Propolis eingerieben werden. Die Behandlung dauert 2–3 Monate.
Bei manchen Fällen können Bienenstiche, selbständig oder mit Propolis kombiniert, helfen.

Andere Krankheiten

Hypotrophie (Unterernährung) bei Kindern und Alterserschöpfung

Sie sind durch chronische Störungen der Nahrungsaufnahme als Folge eines quantitativen und qualitativen Hungers gekennzeichnet. Am häufigsten ist ihr Auftreten durch überstandene Krankheiten, schlechte Lebensbedingungen (feuchte Räume, »Sonnenhunger«) u.a. bedingt. Bei den Kindern äußert sie sich durch verringertes Gewicht und Wuchs, Abnahme der subkutanen (Unterhaut-) Fettstoffe, verminderte Elastizität der Haut, gesenkte Temperaturen usw.
Der Weiselfuttersaft wird in natürlichem, konserviertem oder lyophilisiertem Zustand angewandt. Bei Kindern unter drei Jahren wird der Weiselfuttersaft in Form von Stuhlzäpfchen benutzt, die in den After eingeführt werden. Diese Behandlung wird 30 Tage lang durchgeführt. Die Dosis bei Neugeborenen ist 2–3 mg täglich, bei den größeren Säuglingen 5 mg. Die mittlere Dosis für Erwachsene beträgt 60–120 mg pro Tag, während sie für größere Kinder die Hälfte oder ein Viertel der Dosis für Erwachsene beträgt. Französische und japanische Autoren empfehlen bedeutend höhere Dosen (250 mg täglich). Die Behandlungsdauer ist 30–60 Tage. Wenn erforderlich, kann die Dauer auf 3–3½ Monate erhöht werden, wobei auch höhere Gaben angewandt werden können. Die Anwendung kann einige Male mit Pausen von 2–3 Monaten erfolgen.
Der Bienenpollen wird in natürlichem Zustand für Erwachsene in Gaben von 30–40 g täglich oder in Honig konserviert, im Verhältnis 1:2 oder 1:1, angewandt. Der im Honig konservierte Pollen wird in einem vollen Suppenlöffel (randvoll oder gehäuft in Abhängigkeit von der Honigmenge im Gemisch), dreimal täglich in einem halben Glas warmes Wasser eingenommen. Bei den Kindern wird die Dosis entsprechend auf die Hälfte oder ein Viertel der Gaben für Erwachsene herabgesetzt.

Anämien

Sie treten als Folge von Blutverlust, erhöhtem Blutzellenzerfall oder gestörter Blutbildung auf. Der Grundfaktor für das Auftreten von

hypochromen Anämien ist der Mangel an Eisen im Organismus und – bei den hyperchromen Anämien – der Mangel an Vitamin B12.
Die Bienenprodukte sind imstande, in solchen Fällen einen günstigen Einfluß auszuüben, indem sie Blutbildungsprozesse fördern und den allgemeinen Zustand des Organismus kräftigen. Der reiche Gehalt an biogenen Stimulatoren, Mineralien, Mikroelementen und Vitaminen trägt zur Behebung der leichteren Formen von Anämien bei; in schwereren Fällen ist es ratsam, diese Produkte in dem Komplex der medikamentösen Therapie einzuschließen.
Antianämische Eigenschaften besitzen alle Bienenprodukte mit Nähr- und Heileigenschaften.
Der Honig ist seit alters her als antianämisches Heilmittel bekannt. Empfehlenswert sind die dunklen Sorten (Honigtau- oder Tannenhonig u.a.), die reich an Eisen, Mangan, Kupfer u.a. sind. Täglich werden 90–100 g gelöster Honig in einem halben Glas Wasser oder Kräuterdekokt, eingeteilt in drei Gaben eine oder zwei Stunden vor dem Essen eingenommen.
Der Bienenpollen wird in dreimaligen Gaben pro Tag insgesamt in Mengen von 30–35 g (drei Teelöffel) eine bis zwei Stunden vor dem Essen, gut zerkaut oder gemahlen, eingenommen.
Benutzt wird Pollen in natürlichem Zustand oder in Honig konserviert, im Verhältnis 1:1 oder 1:2. Beim konservierten Pollen wird die Gabe vom verwendeten Honig bestimmt, und zwar handelt es sich dabei um einen bis zum Rande gefüllten oder gehäuften Suppenlöffel, gelöst in warmem Wasser oder Kräuterdekokt, dreimal täglich vor dem Essen.
Der Weiselfuttersaft wird in natürlichem Zustand in Gaben von 100–180 g pro Tag auf einmal oder zweimal morgens und mittags eine bis zwei Stunden vor dem Essen eingenommen. Er kann auch in Honig oder Alkohol konserviert eingenommen werden.

Otitis media chronica purulenta

Hierbei handelt es sich um eitrige Entzündungen des Mittelohres. Sie treten als Komplikationen akuter Prozesse nach überstandener Grippe oder Katarrhe der oberen Atmungswege sowie nach manchen Infektionserkrankungen auf. Sie halten lange an, manchmal jahrelang. Sie äußern sich durch eitrigen Ausfluß mit unangenehmem Geruch, begleitet von Schmerzen und Geräuschen in den Ohren, Abnahme des Gehörs u.a. Bei der Untersuchung wird eine verschieden große Perforation des Trommelfells festgestellt.
Die Propolis besitzt eine antientzündungs-, antibakterielle und epi-

thel-regenerative Wirkung. Die perorale Einnahme führt zu einer Verbesserung der immunologischen Prozesse im Organismus. Die lokale Anwendung erfolgt in Form eines Einreibens mit 30%igem Alkoholextrakt oder dem Einführen eines Drains in den Ohrkanal dicht am Trommelfell für 24 Stunden. Dazu werden innerlich Wasserextrakt von Propolis (10%) jeweils 2–3 Löffel dreimal täglich vor dem Essen, Honig (100–120 g) und Pollen (30–40 g) dreimal täglich vor dem Essen eingenommen. Der Weiselfuttersaft wird in Mengen von 120–180 mg täglich auf einmal oder zweimal vor dem Essen eingenommen.

Glossodynie (Zungenschmerz)

Äußert sich als eine anhaltende Schmerzempfindung in der Gegend der Zunge und der Mundschleimhaut. Zum ersten Mal wurde diese im Jahre 1620 als Rheumatismus der Zunge beschrieben. Tritt oft in Begleitung von Entzündungserscheinungen der Zunge auf. Es wird angenommen, daß die Erkrankung in Zusammenhang mit Schädigungen der Zähne, Veränderungen des pH-Wertes des Speichels, Änderungen des Gleichgewichtes der bakteriellen Flora des Mundes als Folge der Verminderung der Lysine im Speichel, als Allergie gegenüber den Materialien, aus denen die Zahnprothesen hergestellt werden, Magen- und Darmerkrankungen, neuro-psychischen Traumata u.a. steht.

Bei der Behandlung der Glossodynie müssen an erster Stelle die objektiven Ursachen, die die Erkrankung bedingen, beseitigt werden. Die Behandlung ist ziemlich schwierig. Die Propolis ist wegen ihrer lokalen, schmerzstillenden, antibiotischen, regenerativen und Antientzündungswirkung angezeigt. Die Anwendung erfolgt durch lokale Einreibungen mit 10–20%igem Extraktionsunguent (Salbe), alkohol-öligen Emulsionen (1:1, 1:2), Gurgeln mit alkoholwäßriger Emulsion (1:100) oder Kauen von natürlicher Propolis. Besonders effektiv ist die Elektrophorese mit Propolis, durchgeführt nach der intrakavitären Methode (s. physiotherapeutische Methoden).

Gleichzeitig mit der lokalen Behandlung wird auch eine perorale (innerliche) Behandlung mit 30%igem Alkohol- oder 10%igem Wasserextrakt von Propolis, der eine Zeitlang im Mund zurückgehalten wird, in den üblichen Dosen durchgeführt.

Diabetes (Zuckerkrankheit)

Wird mit der Insuffizienz der Langerhanschen Inseln der Bauchspeicheldrüse (Pankreas) und Störungen im Stoffwechsel in Verbindung gebracht. Symptome der Erkrankung sind Appetitlosigkeit, Durst, Mundtrockenheit, häufiges Urinieren, erhöhter Gehalt an Blutzukker, Glykosurie (Zucker im Harn), Reizbarkeit u.a. Bei Diabetikern wird die Verwendung aller Bienenprodukte mit Nähr- und Heileigenschaften wie Honig, Pollen und Weiselfuttersaft empfohlen. Die kombinierte Wirkung der Vitamine B1, PP, C mit der Laevulose des Honigs, die in manchen Honigarten bis zu 40% erreicht, sowie das Vorkommen der Mikroelemente Beryllium, Mangan, Kalzium, Strontium und Barium sind günstige Faktoren für die Normalisierung des Kohlenhydratwechsels bei den Diabetikern. Der Honig wird in stark beschränkten Mengen (25–30 g täglich) eingenommen unter der Voraussetzung, daß er als Ersatz der gleichen Menge Kohlenhydrate der Nahrung des Kranken eingenommen wird. Der Honig kann in Kombination mit Bierhefe als »Honig-Hefe-Paste«, mit Bienenpollen u.a. eingenommen werden.
Der Bienenhonig (35–40 g täglich) und der Weiselfuttersaft (120 mg pro Tag) werden gleichfalls zwecks allgemeiner Stimulierung des Organismus empfohlen.

Alkoholismus

Bei den Alkoholikern wird Eiweiß- und Vitaminmangel beobachtet, der durch die Einnahme von Bienenpollen (35–40 g täglich) günstig beeinflußt wird. Der Pollen wird gleichfalls mit Erfolg bei der Behandlung des Abstinenzsyndroms verwendet, das bei Tagesgaben von 45–50 g unter Zugabe von verminderten Dosen Relanium zeitlich halbiert wird oder vollkommen verschwindet. Dazu werden auch dreimal täglich 100–120 g Honig eingenommen.

Zusammenfassung

Das Schicksal der Heilmethoden ist verschieden: einige kaum eingeführt, geraten bald wieder in Vergessenheit, andere dagegen, die einen langen und manchmal einen dornigen Weg gehen, bleiben durch Jahrhunderte hindurch erhalten. Zu den letzteren gehört die Behandlung mit Bienenprodukten. Im frühen Altertum aufgetaucht, hat sich die Apitherapie ständig vervollkommnet und immer weitere Bereiche erfaßt. Anfangs waren die Bienenstiche und die Honigkur

bekannt, später kamen auch Propolis, das Wachs und in letzter Zeit auch der Futtersaft und der Pollen zur Anwendung. Das Rationelle aus der Volksmedizin überstand Jahrtausende und diente als Grundlage vieler wissenschaftlicher Erkenntnisse der modernen Medizin. Mit jedem Jahr erweitert sich das Anwendungsfeld der Apitherapie. Zur Zeit herrscht kein Zweifel, daß die Bienenprodukte für die Medizin die Bedeutung von Heilmitteln mit bedeutender biologischer Aktivität haben und bei geeigneter Anwendung zu guten Ergebnissen bei der Behandlung verschiedener Leiden führen.
Das Bienengift besitzt viele pharmakologische und biochemische Eigenschaften, die für die gegenwärtigen steroiden und nichtsteroiden Heilmittel charakteristisch sind. Bei ihm sind die Eigenschaften der nichtsteroiden Antientzündungsmittel mit der therapeutischen Aktivität der endogenen Glykokortikosteroide kombiniert, ohne jedoch die unangenehmen Folgen der Anwendung der letzteren aufzuweisen.
Bei geeigneten Dosen verursacht das Bienengift keine Nebenerscheinungen und schädigt keine anderen Organe und Systeme. Im Gegenteil, es besitzt vielmehr blutdrucksenkende, antiarhythmische und kardiostimulierende Eigenschaften.
Die Propolis ist eines der wertvollsten Bienenprodukte. Sie besitzt antibiotische Wirkung mit einem weiten antimikrobiellen Spektrum. Ihre länger andauernde Anwendung führt nicht zu resistenten Formen und zu einer Darmdisbakteriose. Außerdem sind die den Antibiotika gegenüber widerstandsfähigen Stämme der Wirkung der Propolis gegenüber sehr empfindlich. Die Propolis besitzt außerdem eine ausgeprägte antimykotische und Antivirenwirkung. Aus diesem Grunde findet sie Anwendung bei der Behandlung von bakteriellen, Virus-und Pilzinfektionen. Sie stimuliert die spezifischen und nichtspezifischen Faktoren der Immunogenese und besitzt einen stark ausgeprägten regenerativen und anästhesierenden Effekt. Dies erklärt die guten Ergebnisse bei zahlreichen Erkrankungen, Wunden und Verbrennungen, bei Magen- und Darmgeschwüren, eitrigen Prozessen, Entzündungskrankheiten der oberen und unteren Atemwege, gynäkologischen und stomatologischen Leiden u.a. Das reiche antibiotische Wirkungsspektrum der Propolis in Kombination mit dem regenerativen und Antientzündungseffekt bestimmen ihre Stellung als natürliches Heilmittel. Sie wirkt in der Natur als biologischer Autoschutz der Pflanzen. Die Natur hat die Pflanzenwelt zum Schutz sowie zur Wiederherstellung mit Propolis beschenkt. Mehr noch, die Natur hat der Propolis Faktoren gegeben, die vor der Radioaktivität schüt-

zen. Die Bienen nutzen diese Eigenschaften dank ihres unfehlbaren Instinkts für ihren eigenen Bedarf.
Der Bienenhonig und der Pollen sind vor allem wertvolle diätetische Produkte und gegebenenfalls auch gute natürliche Heilmittel. Die Zuckerarten des Honigs und die Eiweißstoffe des Pollens werden schnell und vollkommen von den Därmen absorbiert und gelangen in die Leber, wo sie eine hepatoprotektive Wirkung ausüben. Der Honigzucker ist eine direkte Energiequelle für das Herz, für die inneren Organe und für das Nervensystem. Das völlige Verbrennen führt zu einer besseren Ausscheidungsfunktion der Nieren. Der Honig und der Pollen beeinflussen den Magen-Darm-Trakt günstig und regeln die Darmflora und die Peristaltik. Dank des reichen Gehaltes an Vitaminen und Mikroelementen üben sie einen günstigen Einfluß auf den Stoffwechsel aus sowie auf die Drüsen mit innerer Sekretion und auf die Blutbildung.
Der Futtersaft besitzt eine allgemeine anabole und speziell eine blutbildende Wirkung. Er übt günstigen Einfluß auf den Hirnkreislauf und auf das vegetative Nervensystem aus. Es wurde die antiarteriosklerotische und die hepatoprotektive Wirkung des Futtersaftes festgestellt.
Die Bienenprodukte sind komplizierte Systeme, aus mehreren Komponenten bestehend. In der letzten Zeit wird ihre Zusammensetzung zum Gegenstand tiefgehender wissenschaftlicher Forschungen. Bis vor kurzem wurden viele von ihnen empirisch, ohne erforderliche medizinisch-biologische Begründung benutzt. Ihre Eigenschaften als Biostimulatoren und Faktoren, die die Aneignung anderer Nahrungsmittel erleichtern, besonders in bezug auf das meistverbreitete Produkt – den Honig, bestätigen sie als entsprechende, gesunde Nahrung, vor allem als ein Mittel zur Gesundheitsstärkung der Kinder und der älteren Leute. Die Propolis, der Bienenfuttersaft und der Honig sind außerdem noch in der Lage, den Organismus vor den schädlichen Stoffen der Umwelt (Ökotoxine) zu schützen.
Trotz der unschädlichen Einwirkung der Bienenprodukte auf den Organismus ist ihre Anwendung nur nach gründlicher medizinischer Untersuchung möglich. Die Behandlung damit muß unter ärztlicher Kontrolle durchgeführt werden. Nur in einem solchen Fall wirken die Bienenprodukte als mächtige, effektive Mittel im Kampf der medizinischen Wissenschaft um die Gesundheit des Menschen.

1. ARTEMOV, N.M., B.N. ORLOV, N.V. KORNEEWA, V.N. KIRILOV. Analyse physiologique de l'action cardiotoxique du venin d'abeilles. – In: XXIV Congres Intern. »Apimondia«, Buenos Aires, 1973, 415–416.
2. BROOKS, R., W. SCHIPMAN, J. VICK, J. SAINE. Topical Bee Venom Studies. – American Bee Journal, 9, 1979, 662–665.
3. CEPLAK, A., M. MATJASIC, Contribution a l'etude de l'effet antiviral du produit »Apikomplex« lors d'une epidemie d'influenza. – In: III Intern. sympos. d'apitherapie, Portoroz, 1978, 366–368.
4. CISMARIK, J., J. TRUPL. Bakteriostatische und bakterizide Eigenschaften des alkoholischen Propolisextraktes auf Mikroorganismen. – In: II Intern. Sympos. über den Propolis, Bratislava, 1976, 39–49.
5. CISMARIK, J., M. MACICA, I. MATEL. Analysis and critics of the origin theories of Propolis. – In: Intern. sympos. on Propolis, Bratislava, 1973, 16–19.
6. DEREVICI, A. Untersuchungen in Hinblick auf die krebshemmende Wirkung der Propolis bei Hamstern. Feststellungen und morphologische Angaben. In: I. Intern. Sympos. Apitherapie, Madrid, 1974, 119–123.
7. DEREVICI, A., E. SORU, D. DIMA. The Activity of an Propolis extract on Ehrlich Ascites Carcinoma. – In: Intern. Sympos. of Propolis, Bratislava, 1973, 35–38.
8. FEIKS, F.K. A propos d'une nouvelle possibilite de la therapie conservatrice dans la maladie ulzereuse. In: III Intern. symp. d'apitherapie, Portoroz, 1978, 319–323.
9. FORSTER, K.A. Therapie bei Überempfindlichkeit gegen Bienengift. – Münch. med. Wschr., 9, 1960, 102–104.
10. GEORGIEVA, E., V. VASSILEV. Klinische Propolis Studien bei Kranken mit einer spastischen Bronchitis und Asthma bronchiale. – In: II. Intern. Sympos. über den Propolis, Bratislava, 1976, 96–100.
11. HABERMANN, E., R.G. RIZ. Ein neues Verfahren zur Gewinnung der Komponenten von Bienengift des zentralwirksamen Peptids »Apamin«. Biochem. Zschr., 341, 1965, 441–466.
12. KACNYI, G. Behandlung der Tonsilitis chronica mit Propolis. – In: II Intern. Sympos. über den Propolis, Bratislava, 1976, 53–55.
13. KERN, M., E. SOBA, M. BUDINA. »Apikomplex« comme moyen de protection dans les phenomenes de radiomucosites. – In: III Intern. sympos. d'apitherapie, Portoroz, 1978, 338–341.
14. KROTT, O., H. MATHIES. Tierexperimentale Untersuchungen zur Hyaloronidase hemmenden Wirkung des Bienengiftes. – Ärztl. Forsch., 14, 1960, 88–90.
15. LUCIAK, M., S. SCHELLER, J. TUSTANOWSKI, J.B. ORLOWSKA. Einfluß des alkoholischen Propolisextraktes auf parenchymatische Organe der Versuchstiere – In: II Intern. Sympos. on Propolis, Bratislava, 1976, 19–21.
16. MATEL, I., J. STARKA, J. CISMARIK. Results of Using Propolis in Otorhinolaryngologic Practice. – In: II Intern. Sympos. on Propolis, Bratislava, 1976, 64–67.
17. MURESAN, D. Immunologische Untersuchung auf Bienenstich-Allergien. – In: XXVIII Intern. Kongreß »Apimondia«, Acapulco – Mexico, 1981, p. 96.
18. NEUMANN, W., A. STRACKE. Untersuchungen mit Bienengift und Histamin an der Formaldehydarthritis der Ratte. – Arch. experim. Rath. Pharm. 1951, Bd. 213, 8–17.

19. Orlov, S., A. Homitow, A. Romanowa, S. Omarow. Eigenschaften des Bienengiftes. – In: XXVII Intern. Kongreß »Apimondia«, Acapulco – Mexico, 1981, p. 99.
20. Osmangigic, I., D. Biljenski, N. Mavric. Les effets therapeutiques de la preparation »Melbrosin Super« dans les maladies d'irradiation. – In: III. Intern. sympos. d'apitherapie, Portoroz, 1978, 356–360.
21. Popnikolov, P., P. Potschinkova, St. Dontschev. The Curing of Chronic Supurating Mesotympanites by Propolis. – In: I Intern. Sympos. on Propolis, Bratislava, 1973, 45–47.
22. Potschinkova, P. L'action de la phonophorese du venin d'abeilles dans le traitements des maladies degeneratives des articulations. – In: XXIV Congres mond. d'apiculture, Buenos Aires, 1973, p. 418.
23. Potschinkova, P. La phonophorese du venin d'abeilles dans le traitement des affetions degeneratives de la collone vertebrale. Recherches electrophysiologiques et observations cliniques. – In: XXIV Congres mond. d'apiculture, Buenos Aires, 1973, 418–420.
24. Potschinkova, P. Physiotherapeutische Methoden in der Apitherapie. – In: XXVIII Intern. Kongreß »Apimondia«, Acapulco, Mexico, 1981, 107–108.
25. Potschinkova, P., S. Dontschev. Radiationsproktitfall behandelt mit Propolis. – In: II Intern. Sympos. über den Propolis, Bratislava, 1976, 41–48.
26. Rode, M., E. Soba, O. Herman. Verwendung von »Apikomplex« bei der Behandlung von Veränderungen der Mundhöhle nach Radiotherapie bösartiger Kopfgeschwüre. – In: XXVIII Intern. Kongreß »Apimondia«, Athen, 1979, p. 106.
27. Saine, J. Arthritis – Vorbeugung. – In: XXVIII Intern. Kongreß »Apimondia«, Acapulco – Mexico, 1981, p. 111.
28. Scheller, S., J. Tustanovski, E. Felus, A. Stoyko, M. Koziol. Untersuchung der immunogenetischen Eigenschaften des alkoholischen Propolis-Extraktes. – In: II Intern. Sympos. über den Propolis, Bratislava, 1976, 66–67.
29. Scheller, S., A. Stoyko, I. Szwarnowieska, S. Kubacka, J. Krumowska. Regenerationswirkung des alkoholischen Propolisextraktes auf das Knorpelgewebe. – In: II Intern. Sympos. über den Propolis, Bratislava, 1976, 67–70.
30. Schkenderoff, St., K. Koburowa. Mechanismus der antientzündenden Wirkung des Bienengiftes. – In: XXVIII Intern. Kongreß, Acapulco – Mexico, 1981, p. 115.
31. Steigerwaldt, F., H. Mauer. Bemerkungen zur Rheumabehandlung mit Bienengift. Med. Monatschr., 1954 No 8, p. 581.
32. Steigerwaldt, F., H. Mathies, D. Friederic. Standartized Bee Venom (SBV) Therapy of Arthritis. – Med. Research. (New York), 8, 1966, 1045–1049.
33. Steinwand, A. Zur Rheumatherapie mit Bienengift. – In: Therapie Kongreß, Karlsruhe, 1952, 59–61.
34. Stoyko, A., Scheller, J. Tustanovski. Experimentale Verfolgung der Wirkung des Propolis auf die Regeneration der Knochen. – In: II Intern. Sympos. über den Propolis, Bratislava, 1976, 49–51.
35. Weidmann, H., E. Müller. Die Wirkung von Bienengift auf das Hypophyse-Nebennieren System der Ratte. – Arch. f. exper. Pathol. u. Pharm. Bd. 6, 1953, p. 220.